園内研修と会議が劇的に変わる

保育ファシリテーション

鈴木健史／著

矢藤誠慈郎／解説

保育の質の
確保・向上のために
対話の場づくりを！

フレーベル館

はじめに

　近年、保育現場では、保育の質の確保・向上が求められるようになりました。そのため、保育者一人ひとりが専門性向上に努めるだけではなく、園内研修や会議を通して、チームや組織として保育の質の確保・向上に取り組む必要があります。しかし、園内研修や会議を参加型・対話型に変えたとしても、職員の積極的な発言がない、あるいは発言することができても、議論を深め納得感のある結論を出し、保育実践につなげていくことが難しいと感じている方も多いのではないでしょうか。

　本書では、園内研修や会議を劇的に変えることができるファシリテーションの手法を、図や具体例を用いてできるだけわかりやすく解説をしました。また、手法を支えるファシリテーションのマインド（基本の考え方）についてもふれています。マインドを理解することで、リーダーシップのあり方や組織づくりにもファシリテーションを応用することができるのではないかと思います。本書が、さらなる保育の質の確保・向上の一助となれば幸いです。

　本書の執筆にあたっては多くの方に支えていただきました。ご多用中、解説をお引き受けいただいた和洋女子大学の矢藤誠慈郎先生をはじめ、本書の執筆の過程に寄り添っていただいたフレーベル館の編集部の皆様、素敵なイラストを描いていただいたイラストレーターのYuzuko様、また、本書の趣旨を理解し、快くご協力いただきました社会福祉法人清遊の家 うらら保育園の先生方、社会福祉法人龍美 南つくし野保育園の先生方と、取材をしていただいた、こんぺいとぷらねっと様に感謝いたします。

鈴木健史

Contents

Part1　保育ファシリテーションを始めよう

Part2　話し合いのための手法

Part3　やってみよう！シーンごとのファシリテーション

明日の保育をより充実させるために園内研修と会議を変えよう！

保育の質の確保・向上のために欠かせない園内研修や会議。
あなたが考える理想の研修・会議とはどのようなものでしょうか。
保育ファシリテーション＊を取り入れて、だれもが認め合い、
高め合える研修・会議を始めましょう。

リラックスして
みんなが
積極的に
発言する

みんなの
意見から、
方向性が
見えてきた！

自分と
異なる
意見を
歓迎する

みんなで
聴いて、
みんなで話す

知識と経験を
もち寄り、
保育につながる、
具体的な意見が
たくさん！

立場に
関係なく
素直に思いを
伝え合う

みんなが
合意した
結論が
見つかる

会議の後は
互いの理解が
深まっている

＊　保育現場においてファシリテーションのスキルとマインドを用いることを、
　　本書では「保育ファシリテーション」と呼んでいます。

Part1

保育ファシリテーションを
始めよう

保育の質の確保・向上のために、
様々な職員が立場に関係なく率直に発言し、
主体性や創造性を発揮することのできるような
対話の場づくりが求められます。
ファシリテーション（facilitation）とは
「促進する」とか、「容易にする」という意味です。
ファシリテーションを保育現場に導入することは、
園内研修や会議の質が向上するだけではなく、
自律的な組織・チームづくりにもつながります。
Part1では、ファシリテーションの
基本的な考え方について解説します。

❶ 対話と関係性の向上を促す ファシリテーション

保育現場では一人ひとりの専門性の向上とともに、園として保育の質を向上し続けていくことが求められています。しかし、多くの会議や園内研修を実施していても、十分に保育実践を振り返り、積み重ねていくことが難しいと感じている方も多いのではないでしょうか。

多くの職員が集まる貴重な機会である園内研修や会議を、効果的で意義のある時間にするために、ファシリテーションの手法や考え方を用いることができます。ファシリテーションは「促進する」とか「容易にする」と訳されます。促進するのは①チームや組織の目的達成と、②関係性の向上です。最近では特に、学び手である職員が主体となり、当事者意識をもって取り組むことができる参加・対話型の園内研修が注目されており、その要となるファシリテーションの活用に関心が高まっています。

園内研修における「チームや組織の目的達成」とは、研修において設定したねらいを達成することです。ねらいとは、「研修を通じて期待する成長や変化」です。例えば、「エピソードを語り合うことを通して、保育実践を振り返る」「より安全・安心な保育の環境のために、健康・衛生について理解を深める」などのように、わかりやすい文章で表現します。そして研修が始まったら、参加者に研修のねらいを伝え、研修の着地点を全員で共有します。参加・対話型の研修では途中で話が脇道にそれることがよくありますが、最初に着地点を参加者全員で共有しておけば、一人ひとりがそれを意識し、チームや組織として目的を達成しようとする動きが生まれます。

❷ コンテントとプロセス

さて、園内研修や会議においてファシリテーションを担う人を、ファシリテーターと呼びます。ファシリテーターは、ファシリテーションの技術や考え方を用いて、①チームや組織の目的達成と②関係性の向上を促進しますが、そのためにはまず、目の前の集団において今何が起きているのかを正しく捉える必要があります。その際には、コンテントとプロセスという２つの側面で起こっていることを捉えます。図１をご覧ください。これは氷山図と呼ばれています。研修や会議の参加者が、船に乗って氷山を眺めていると想像してください。水面の上に出て

図1　コンテントとプロセス

What

コミュニケーション

- 何を話しているか？
- 何が課題か？

チーム活動

コンテント
話題・課題

目に見えやすいプロセス*1

隠れているプロセス*1
かかわりの中で起こっていること

私の内で・相手の内で・
私と相手との関係の中で・
グループの中で・
組織の中で……

- どのように聞いているか？
- どのように参加しているか？
- どのように話しているか？
- どのように意思決定しているか？

How

"今、ここで起こっていることに気付く"

日本体験学習研究所HP「体験学習の基礎を学ぶ」を基に作成

いる部分はコンテントで、園内研修のテーマや会議の議題（話題・課題）です。船上からコンテントの部分は全員が眺めることができます。つまり園内研修におけるテーマや会議の議題（What）は参加者全員が意識して取り組むことができます。

一方、プロセスは主に水面下にあるため、見えづらく意識されにくくなります。プロセスとは、かかわりの中で起こっていることです。例えば、一人ひとりがどのように話しているか、どのように聞いているか、といった参加者のコミュニケーションの様子、話し合いにおける意思決定のされ方や、参加者集団の雰囲気などです（How）。コンテントと同時進行でプロセスは起こっています。コンテントだけに目を向けるのではなく、見えにくいプロセスを捉え、両方を促進しようとする態度が、ファシリテーターには求められます。なぜならプロセスは、研修や会議の結果や成果の質にも大きく影響するからです。

③ 保育の質向上のための関係づくり

集団内に信頼関係が築けていない場合、立場に関係なく互いに率直に伝え合い聴き合う「対話」が起こることは期待できません。「対話」とは、勝ち負けを決める討論ではなく、自分を伝え、相手を理解しようとする試みです。対話によって

*1 「目に見えやすいプロセス」とは、個々のメンバーの表情や意思決定の仕方など、目で見て捉えやすいプロセスです。一方、「隠れているプロセス」とは、主にメンバーの内面で起こっていることや、関係性の中で起こっている観察が難しいプロセスのことです。

視野が広がり、多角的に物事を捉えることができます。そして、一人では得られない気づきや学びを得ることができ、より大きな壁（課題など）を越えていくことができます。しかし、せっかく参加・対話型の研修や会議を実施しても、職員間の関係性が構築できていないと、馴れ合いや安易な妥協が起こり、「対話」は成立しません。また、納得感や共感も生まれにくくなります。つまり、ファシリテーターが関係性を促進することは、保育の質を向上させていく基盤づくりになると言っても過言ではないのです。

ダニエル・キムの「組織の成功循環モデル」という理論があります（図2）。このモデルによると、「結果の質」（保育現場であれば保育の質）を向上させるためには、まずは「関係の質」から改善に取り組む必要があると考えられています。「関係の質」が変わることで、主体的で前向きな「思考」へと変化し、仕事に対して当事者意識をもつようになります。そして、当事者意識に支えられた自発的な「行動」により、「結果の質」の向上が期待できます。さらに、「結果の質」の向上（つまり保育の質向上）が実感できると、自分たちへの信頼感が高まり、「関係の質」がさらに向上するという好循環が起こります。園内研修や会議の充実だけではなく、組織的な保育の質向上のためにも、関係性の向上は重要だということです。

事例　充実感を得る園内研修

ある保育園では、毎年3月に1年間の保育を振り返る園内研修をファシリテーターである主任が企画・実施しています。正規職員はもちろん、非正規の職員もできるだけ参加してもらい、子どもや保育への思いを語り合う時間をもつのです（看護師や栄養士、調理員なども含まれます）。なぜなら、職種や働き方が違っても、思いをもって子どもにかかわっている点はみんな同じだからです。一人ひとりの職員が子どもの写真を見せながら語り合う研修でしたが、保育中のエピソードから、自分たちの保育において大切にしていることについて生き生きと語り、また他者の語りに真剣に耳をすましていました。最後に主任が「全員が充実感を得られるように今回の研修を企画した」と語っていました。研修では結果や成果を出すことがもちろん大切ですが、参加者の充実感も重要と考えている研修は、見学していてとてもすてきだなと感じました。

図2　組織の成功循環モデル

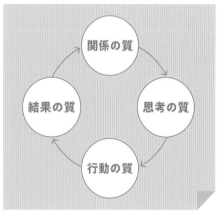

Daniel Kim (2001)「組織の成功循環モデル」

参加・対話型園内研修の様子

4 不必要な懸念を抱かない関係性

　保育の質向上のためには、関係性の向上が重要です。職員間の関係性が構築されていない場合、保育者は人間関係において様々な懸念を抱きます。例えば、自分の保育についての周囲の評価を過剰に気にしたり、会議や研修でも自分の発言を誤解されたり価値のない意見と評価されるのではないかと不安になったりします。その結果、子どもに意識を向けられなくなり保育に支障が出ることもあります。すると保育者としての自分に自信をもてなくなります。

　しかし、このような懸念は、関係性が構築されるまでの過程で必ず発生し、越えなければならないものです。大切なことは、懸念を減らすことができる機会があるかどうかです。懸念のほとんどは、事実ではなく、個人の妄想や邪推です。懸念を減らすには、相互理解を深めるしかありません。そのため、職員が互いに聴き合い、伝え合う（＝対話）時間を確保し、懸念を減らしましょう。職員の関係性を構築するための貴重な機会となる、園内研修や会議に、相互理解を深められるような仕組みを取り入れることが大切です。例えば、付箋や模造紙を用いて対話を行ってみましょう。

5 付箋と模造紙を活用した対話

　付箋は対話の基本となるブレインストーミングに適したツールです。ブレインストーミング（以下、ブレスト）とは、多様なアイデアを出すための手法です。ブレストは、集団作用によりこれまでにないユニークなアイデアの獲得を目指す話し合いの手法で、4つのルールがあります（図3）。

　まずは、1人につき3〜5枚程度の付箋を配り、1枚に1つ、自分の意見を書きます。そして、付箋に書いた内容を読み上げながら模造紙に貼っていきます。まずは個人で書き、次に書いたことを読み上げるというステップを踏むことで、心理的な抵抗や緊張感を緩和させることができます。さらに新しいアイデアが誘発されたら、付箋を追加しても構いません。ある程度アイデアが出尽くしたら、似通った内容の付箋を集めてグルーピングし、まとめていきます（図4）。これは

図3　話し合う時の4つのルール

ルール ① **結論厳禁**
どんなアイデアも批判しない、ブレスト中は結論を出さない

ルール ② **自由奔放**
粗削りで自由なアイデアを歓迎する

ルール ③ **質より量**
アイデアの質よりも量と多様性を重視する

ルール ④ **便乗歓迎**
人のアイデアから連想し発展させてもよい

親和図法（またはKJ法）と呼ばれます。ちなみにブレストは、付箋ではなく、ウェブマップ（またはマインドマップ）を使うこともできます（図5）。模造紙は、議論の過程を見える化することに適したツールです。見える化すると議論が横道にそれても軌道修正し本筋に戻ることができます。また、記録にもなり、話したことが流れてしまうこともなく、議論を積み上げていくことができます。

図4　親和図法（KJ法）

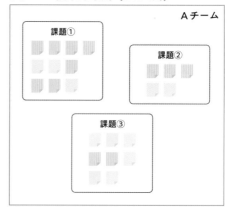

図5　ウェブマップ

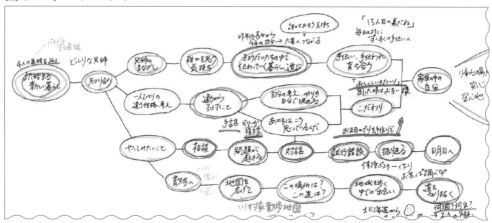

6 自己開示と フィードバック

ジョハリの窓（図6）をご存じでしょうか。これは、心理学者のジョセフ・ルフトとハリー・インガムが考案した対人関係の気づきに関するモデルで、2人の名前からジョハリの窓と名付けられました。自己には4つの領域があります。「明るい窓」「隠された窓」「盲目の窓」「未知の窓」です。「明るい窓」とは、自分が知っていて他人も知っている自己の領域です。

一方、「隠された窓」とは、自分は知っていて他人は知らない自己の領域です。言い換えると、自分が他人に対して秘密にしている領域です。「盲目の窓」とは、自分は知らない、あるいは気付いていないけれども他人が知っている自己の領域です。そして、「未知の窓」とは、自分も他人も知らない自己の領域です。

相互理解を深めるためには、4つの領域のうち、「明るい窓」を自己開示とフィードバックによって広げていきます。自己開示とは、自分が他人に対して秘密にしていることや、心の内にあることをオープンにすることです。フィードバックとは、自分の気づきや成長のために、他人から情報提供してもらうことです。「隠された窓」を「明るい窓」にしていくためには、自己開示が必要です。例えば、保育者が抱く子どもの育ちについての思いや、保育についての考え方などは、心の内に秘めておくのではなく自分から発信しないことには周囲に理解してもらえません。そのため、自己の心の内を思い切って言語化し他者に開示していく必要があります。また、「盲目の窓」を「明る

図6　ジョハリの窓

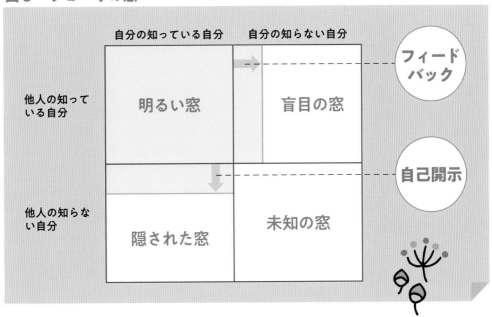

い窓」にしていくためには、フィードバックが必要です。「なくて七癖」と言ったりしますが、自分の保育のパターンや傾向は、意識化できていないこともあります。そこで、他人からフィードバックをもらうことで、気づきを得て修正したりバラ

ンスを取ることができます。自己開示とフィードバックは、理論として理解できても、実践が難しいと感じるかもしれません。しかし、付箋や模造紙を使うことで、取り組みやすくなります。

事例 ミドルリーダーの姿勢がモデルとなる

ある園では、ミドルリーダー（中堅層）がファシリテーターとなり、会議や研修全体の進行やまとめを担っています。ミドルリーダーは、常に正しい意見を出そうとするのではなく、自分の意見がその

場で吟味されること（意見に対するフィードバック）を歓迎します。そのような先輩の姿勢がモデルとなり、互いに率直な自己開示とフィードバックができる集団へと変わっていきました。

7 コミュニケーションの機会としての研修と会議

保育現場では毎日が目まぐるしく過ぎていきます。そのため、同じ職場で働いていても話す機会がないことも多く、何年経っても職員の相互理解が深まらない場合があります。しかし、組織的に保育の質の向上に取り組むためには、これまでお話ししてきたように職員の相互理解を図り関係性を向上していくことが求められます。よって、コミュニケーションの機会を意図的に確保することが重要です。

コミュニケーションの基本は、「わたし」と「あなた」の双方向のやりとりです。そして、双方向のやりとりを通して、「わたし」を伝え、「あなた」を知ろうとする

試みです。園内研修や会議とは、職員同士の数少ない貴重なコミュニケーションの機会であり、職員の相互理解を促すチャンスだと考えてください。また、園外研修と違い、同じ内容を全職員で共有することができます。

そのためには、時には、これまでのやり方を変えていく必要があります。例えば、リーダーが一方通行で思いを伝えるだけという園内研修や会議ばかりでは、職員の相互理解を促すことは難しいでしょう。そこで職員が主体的に参加できる双方向の研修や会議に変えていく必要があります。

8 学び方を学ぶ

　保育の質の向上には、常に現状打破し続けることが求められます。そのために、子どもの発達についての知見や、保育技術の習得など、常に組織に新しい風を入れるようにします。具体的には、園外研修を受講する、書籍やインターネットで情報収集する、外部講師を招くといった取り組みです。しかし、一方で自分たちの保育実践を振り返り、保育において大切にしていることを共有するという、対話による実践知の積み重ねも保育の質向上には不可欠です。つまり、単に自分たちの外側にある正解を知るだけでは保育の質は向上しないということです。自分たちの内側にある最適解を、対話を通して見出していくことが求められます。これは、職員が新しい学習観を身に付けていくことにもなります。特に保育現場では、古い学習観を、新しい学習観に変えていく（図7）ことで、学び手である子どもが主体となる保育へと変容していくことが期待できます。ファシリテーションを保育現場に導入することは、一人ひとりの職員が主体的に保育の質向上に取り組もうとする風土づくりにつながります。

図7　古い学習観と新しい学習観

Old 古い学習観

- 正解は一部の人
  （教師・園長などの権威者）
  がもっている。

- 多くの人は自ら正解を
  見出したり、
  課題を解決したりする
  力をもっていない。

- 学びとは、唯一の正解を
  教えてもらうことであり、
  間違えれば減点される。

New 新しい学習観

- 一人ひとりが
  意見を出し合うことで、
  多様な視点で
  物事を理解し、
  最適解を見出す
  ことができる。

- 課題を解決する
  アイデアはすべての
  人がもっている。
  そのため、組織の課題には
  組織的に対応する。

- 試行錯誤から学びや
  気づきが得られる。

園内研修を深めるために①

ファシリテーションは
保育の質を高める組織を創る

保育は二度とくり返されることのない日々の一つひとつの現象の連続によって成り立っており、こうすればこうなるという単純な技術的解決が不可能な実践です。だとすると、だれかが正解をもっており、それに従って言われたことを言われたように行うという他律的な営みではあり得ません。保育者は不確実であいまいで複雑な日々の実践に生きる専門職ですから、お手軽な正解はなく、その都度、自分なりに状況を受け止め、状況と対話し、子どもにより豊かな育ちをもたらす試行錯誤と省察を不断に営んでおり、それはつまり、保育が自律的で省察的な実践だということを意味します。

自律的で省察的な専門家を育てたいと思った時に、園のリーダーは保育者にどのようにアプローチするとよいでしょうか。自律性は自律的に取り組んで試行錯誤するという経験から培われます。また、自分なりの考えを振り返ったり、試行錯誤の幅を広げたりするには、

自分一人よりも他の保育者と感じたことや考えたことや試してみたことなどを出し合う、つまり組織的に取り組むことが有効です。そのために、保育者一人ひとりが主役となるような参画型の園内研修が有効なのです。

そのような園内研修を実現するには、保育者が学び合うプロセスをデザインするという発想が求められます。学び合うためには対話が必要ですが、そのためにはまず土台としての心理的安全が必要です。そして専門的な学びを深め合うためには、なんでも出し合える開かれた対話が有効です。実践の向上には生産的な対話が必要ですが、そのためには、既に存在する価値に着目して、それを皆で探究するようなアプローチが有効です（P.43のAIアプローチなど）。

ファシリテーションは、こうした仕組みづくりとその実効化のために有益な技法であり、保育の質を高める組織を創り出していく営みの鍵となります。

矢藤誠慈郎

Part 2

話し合いのための手法

Part 2 では、園内研修や会議に活用できる
様々な話し合いの手法を紹介します。
ファシリテーションでは、参加・対話型の手法を用います。
それは、ファシリテーションでは話し合いの成果・結果だけではなく、
参加者同士の関係性の向上や、充実感や納得感などの感情も
重視しているためです。
多様な話し合いのための手法を知ることで、
園内研修や会議の目的を達成するための
最適な手法を選択し、活用することができます。

起承転結の流れでつくる 研修と進行表の活用

研修のねらいに応じた流れをつくる

　園内研修を実施する際にいちばん重要なポイントは、ねらいの設定です。ねらいとは、「研修を通じて期待する成長や変化」だと考えてください。保育に関する価値観の共有（子ども観、保育観等）、職務や保育への態度の育成、保育に関する知識や技術を身につける、などといった、具体的なねらいを設定します。次に、ねらいに沿って、研修の大まかな流れを起承転結でデザインしていきます（図1）。

「起」：学びのための土台づくり

　まずは、研修のねらいと流れの確認を行います。そして、全員が安心して参加できるように、「人の話は最後まで聴こう」「感じたことはその場で直接その人に伝えよう」など、研修での約束事（グラウンドルール）を共有します。約束事は、毎回研修の最初に全員で確認し、必要があればその都度修正を行います。また、緊張を解きほぐし、関係づくりを促進するためにアイスブレイクを行います。アイスブレイクとは3〜5分程度でできる簡単なゲームで、その名の通り参加者間の氷のような緊張感を解きほぐし、自由な発想が生まれる雰囲気をつくることができます（詳細はP.23）。

「承」：発散

　学びの土台が出来上がったら、「承」に入ります。「承」は、なるべく多くの意見や思いを出し合い、視野を広げていく発散の段階です。そのために、付箋や模造紙、ホワイトボードなどを活用することができます。また、一人ひとりの視点やもっている情報量には違いがあるため、必要に応じて資料（指針・要領、書籍、外部研修の配布資料など）を読み合わせたり、詳しい職員が簡単なレクチャーをしたりすることで、同じレベルで議論することができます。さらに、「承」においては、保育場面の写真や動画、環境構成図、保育の計画や記録など、多彩な素材を使うことで、話し合いがより具体性を増します。

「転」：収束

　「承」で出た多くの意見をまとめ、絞り込んでいきます。「転」は収束の段階です。問題解決のために現状を分析したり、アイデアや解決策を検討します。例えば、「承」でたくさん出てきた解決策は、資源（人・物・時間）が限られているので、すべて実行できるわけではありません。「実現可能かどうか」ということと、目的を達成するために「効果的かどうか」という基準で検討し、優先順位を決めたり絞り込んだりします。

「結」：共有

　最後の「結」は共有です。「承」「転」で議論をした内容を、模造紙などにまとめ、発表し成果を分かち合います。また、

図1　研修の大まかな流れ

起 学びのための
土台づくり

● ねらいと流れの確認、
　約束事（グラウンドルール）、
　緊張緩和（アイスブレイク）　など

転 収束

● 分析、アイデアを絞り込む、
　解決策や行動計画の検討　など

承 発散

● 情報共有、指摘、原因究明、
　アイデア出し　など

結 共有

● 発表、成果を分かち合う、
　学びや気づきを一般化する、
　意思決定を行う　など

研修で得た学びや気づきを一般化したり概念化していきます。例えば、研修において個別具体的な「子どもの主体性が発揮されたエピソード」の共有から、「遊びだけではなく生活全体における子どもの主体性を尊重する保育の大切さ」などと、本質を見出し理論化することで、多様な現実の場面で応用することができます。

研修は非日常の場であるからこそ、普段と違うチャレンジをすることができ、多くの学びや気づきが得られます。しかし、現実の場面で学びや気づきを活かすことができてこそ、研修の効果があったと言えます。そのため「結」では、今後の行動計画や目標について意思決定をするなどして、現実の場面で具体的に起こしたい変化についてイメージを共有しま

す。研修で話し合っただけで満足しないで、「結」を丁寧に扱うことで、研修のねらいを達成することができます。「起承転結」を意識して園内研修を行い、次のような効果を得られた園があります。1つの好事例をご紹介します。

　ある園では、特別な配慮が必要な子どもの保育について、月1回ケース検討会議を行ってきました。しかし、ケースを出したクラス担任が保育を非難されたり、努力不足を指摘されたりすることで自信を失ってしまい会議の意義も感じられなくなっていました。そこで、起承転結を意識した園内研修に変えました。まずは研修のねらいを共有し（起）、クラス担任が子どもの状況を説明した後、小グループに分かれて、解決策とクラス担任に対するサポート方法について意見を出し合い（承）、模造紙にまとめました（転）。最後は模造紙の内容を発表し共有しました（結）。

研修のねらいや流れを共有する進行表

　園内研修や会議で、ファシリテーターとして動いてみることで、リーダーシップを身に付けることができます。なぜなら、研修や会議のプロセスにおいて、「自分の中」で起こっていることだけではなく、「他者の中」で起こっていることや、「自分と相手との関係の中」で起こっていること、「参加メンバーの中」で起こっていることなどに目を向けるようになるからです。すると、チームや組織を俯瞰したうえで、自分ができることを考えるようになったり、チームや組織として園の問題を解決する、あるいは保育の質向上のために何ができるか考えるようになります。とはいえ、ファシリテーターとして、何から取り組んでよいかわからないこともあると思います。そこでまず、園内研修の進行表を作ることから始めてみましょう。進行表は、園内研修に参加する全職員に配布することで、研修のねらいや大まかな流れを共有することができます（表1）。つまり、「今何に取り組むのか」といった目標が明確になり、一人ひとりが、「自分はチームや組織の目標達成にどう貢献できるか」という意識をもつことができます。またファシリテーターにとっては、進行表は研修を進行するためのガイドになります。進行表には、大まかな流れと、時間配分の目安を記載しておきます。参加・対話型の研修は時間が長引く傾向があるので、余裕をもった時間配分にしましょう。時間が足りなくなると、ファシリテーターも心の余裕がなくなり、研修のプロセスに配慮することができず、丁寧な進行ができなくなります。

ねらいに沿った研修デザインの例

「保育の根幹となる人権を学ぶ」という
テーマの研修を実施するとして、具体的
な流れをデザインしてみましょう。園内研
修を実施する際にいちばん重要なポイン
トは、ねらいの設定です。ねらいとは、「研
修を通じて期待する成長や変化」です。
ねらいは、1〜3つにします。多すぎると
参加者が負担に感じます。今回は次のよ
うな2つのねらいを設定します。

- 人格形成の基礎を培う
  保育の根幹となる人権に
  ついて理解を深める
- 子どもの人権を尊重する
  保育のあり方について考え
  実践することができる

ねらいは、参加者のどのような成長や
変化を期待するのかということを、具体
的な文章にします。ねらいの文末は、「〜
の理解を深める」「〜ができるようになる」
等、研修で達成したい目標を明確に表現
すると良いでしょう。そして、このねらい
が達成できるような研修内容をデザイン
していきます。

研修の流れは起承転結で考えます。ま
ず『起』では、参加者が見通しをもち、
安心して率直な伝え合い、聴き合いがで
きるような土台づくり（雰囲気づくり）を
します。まずは、今回の研修のねらいと
大まかな流れを、進行表を使って参加者
に簡単に説明します。そして、参加者全
員が安心・安全に参加できるように、次
のような研修の約束事を共有します。約
束事は一例です。

- 相手の話は最後まで聴こう
- 最初から否定や批判をせず、
  理解しようとする姿勢をもとう
- 自分の考えや思いを
  言葉にしよう

次の『承』は、発散です。参加者が多
くの意見を出し合い、視野を広げていく
ために、多様な素材や教材を用います。
今回用意した教材は次の3つです。

- 子どもの権利に関する動画
  （DVD）
- 「保育所・認定こども園等に
  おける人権擁護のための
  セルフチェックリスト」
- 園外研修の講義資料
  「子どもの権利条約とは」

まずは、子どもの権利に関する動画を
視聴し、2人1組で感想を伝え合います。
その後、チェックリストに個人で記入し、
日常の保育のあり方について気付いたこ
とを4〜6人の小グループで共有します。
そして、園外研修で子どもの権利につい
て学んできた職員が、その時の配布資料
を使って職員全体で講義内容を共有しま
す。小グループで再度集まり、模造紙と付
箋を使って、「子どもの権利が尊重された
保育とは」というテーマで、具体的な保育
実践内容について、話し合いをします。

次の『転』は、収束です。「承」で出た
多様な意見をまとめたり、アイデアを絞り

表 1　進行表の例

進行表　保育の根幹となる人権を学ぶ

日時：5月12日（水）18：00～20：00
参加者：○○、○○、○○、○○、○○、○○、○○、○○

> **ねらい**
> ・人格形成の基礎を培う保育の根幹となる人権について理解を深める
> ・子どもの人権を尊重する保育のあり方について考え実践することができる

> **準備物**
> □模造紙　□付箋　□油性ペンセット（各色）　□資料（人数分）　□DVD
> □プロジェクター、スクリーン　□ホワイトボード

研修の流れ

時間（目安）

◆今日の研修のねらいと流れの確認　　　　　　　　　　**2分**
今日の研修のねらいと流れについて全員で確認する。

◆研修の約束の確認　　　　　　　　　　　　　　　　**2分**
・相手の話は最後まで聴こう
・最初から否定や批判をせず、理解しようとする姿勢をもとう
・自分の考えや思いを言葉にしよう

◆チェックイン　　　　　　　　　　　　　　　　　　**5分**
研修のテーマについて学びたいことや、気になっていることなどを2人1組で伝え合う。

◆子どもの権利に関する動画視聴　　　　　　　　　　**10分**
動画を視聴し、2人1組で感想を共有する。

◆人権擁護のためのセルフチェックリスト　　　　　　**20分**
チェックリストを個人で記入し、日常の保育のあり方について気付いたことを4～6人の小グループで共有する。

◆小グループでの話し合い①「子どもの権利が尊重された保育とは」　**15分**
小グループで、「子どもの権利が尊重された保育とは」というテーマで、具体的な保育実践内容について話し合いをする。

◆園外研修の内容共有　　　　　　　　　　　　　　　**10分**
園外研修の講義内容を共有する。

◆小グループでの話し合い②「明日からの保育にどう活かすか」　**20分**
「小グループでの話し合い①」で出たアイデアを絞り込む。

◆全体共有　　　　　　　　　　　　　　　　　　　　**10分**
小グループで絞り込んだ成果を、模造紙を使って発表し、全体で共有する。

◆チェックアウト　　　　　　　　　　　　　　　　　**10分**
今日の研修を通して、気付いたことや学んだことについて小グループで振り返り、行動目標を共有する。

込んだりしていきます。今回は、小グループで付箋に書いてあるアイデアから、「実現可能かどうか」「効果的かどうか」「子どもにとってどうか」という視点で絞り込んでいきます。

　最後の『結』では、小グループで絞り込んだ成果を、模造紙を使って発表し、職員全体で共有します。まとめとして、研修で得られた学びや気づきを、日常の保育や仕事で活かすことができるように、それぞれ個人で画用紙に明日からの行動目標を書き、小グループ内で共有します。他者と共有することで、行動目標の実行可能性が上がります。研修終了後に、参加者に研修に関する簡単な感想などをアンケートに書いてもらうと、研修のねらいが達成できたかどうか、研修の効果測定をすることができます。

園内研修は
ファシリテーターとしての
成長の機会

　「勉強」や「学習」という言葉を聞くと、皆さんはどのようなイメージをもちますか。ひょっとして、ねじり鉢巻を締め、膨大な量の教材を、苦しみながら記憶するという姿を思い浮かべていないでしょうか。そのようなイメージをもっている方は、子どもたちの学び方をじっくり観察してみましょう。

　子どもたちは、遊びという自発的な活動を通して多くのことを学んでいます。遊びは遊ぶこと自体が目的です。そして「できた・できない」という結果だけではなく、プロセスから多くを学んでいます。本当に充実した研修は、あっという間に時間が過ぎていきます。そのような園内研修がデザインできるように試行錯誤を重ねてみましょう。

　園内研修はファシリテーターにとって成長の機会です。最初はうまくいかないことも多いかもしれませんが、アンケートの内容や参加者の様子を参考に、より良い研修の実現を目指しましょう。

進行表を作ってみよう

次のQ1〜7の質問に答えて、園内研修の進行表を作ってみましょう。

Q1 園内研修のタイトルを決めましょう。取り組みたいテーマはなんですか？

Q2 今回の研修を通して、参加者のどのような成長や変化を期待しますか？
（文末は、「〜の理解を深める」「〜ができるようになる」などとし、
達成目標を明確にしましょう。）

Q3 研修で必要な教材や素材、準備物はなんでしょうか？

ここから大まかな研修の流れを考えます。起承転結で大切にしたいポイントについて質問をしています。

Q4 参加者が見通しをもち、安心して率直な伝え合い、聴き合いができるような
土台づくり（雰囲気づくり）のために、まず何をしますか？

起：

Q5 参加者が多くの意見を出し合い、視野を広げていくために、どのような教材や
素材を使いますか？　また、グループの人数や組み合わせはどうしますか？

承：

Q6 「承」で出た多くの意見をどのようにまとめ、絞り込んでいきますか？

転：

Q7 研修で話し合った内容や成果を、どのように全体で分かち合いますか？
研修で得られた学びや気づきを、日常の保育や仕事で活かすことができるように、
どのような工夫ができますか？

結：

ここまでの内容をまとめて、進行表を作ってみましょう。また、起承転結それぞれの時間配分も考えましょう。

研修終了後に……

Q8 今回の研修のねらいは達成できましたか？
また、それはどのようなことから評価できますか？

Q9 今回の研修を通して、ファシリテーターとして上手くできたことはなんですか？
また、改善点や次に挑戦したいことはなんですか？

2 アイスブレイクと チェックイン

アイスブレイクとは

アイスブレイクは参加者の緊張を解きほぐし、自由な発想が生まれるようにするためのゲームです。種類によって、参加者間の緊張を解きほぐす以外にも様々な効果を得ることができます。例えば、次の２つのアイスブレイクに取り組んでその効果を体感してみてください。

試してみましょう②

アイスブレイク「キャッチ!!」

❶全員で互いの顔が見えるように丸くなり、両手を横に出します。左手は輪をつくり、右手の人差し指を、隣の人の左手の輪の中に入れます。

❷ファシリテーターが「キャッチ」と叫んだら、右手の人差し指を輪から引き出し、同時に左手は相手の人差し指を捕まえます。

ファシリテーターが「キャッツ」「キャベツ」「キャーッチ！」などと、フェイントをしたりスピードを変えたりすると、盛り上がります。

アイスブレイク「心をひとつに！」

❶ 5～6人のグループをつくり、互いの顔が見えるように立ちます。ファシリテーターから、お題を伝えます。

お題：「おにぎりの具と言えば？」
「子どもたちの好きな給食のメニューと言えば？」

さけ！　さけ！

おかか！

さけ！　ツナ！

グループのメンバー全員が同じ言葉を発することができれば、成功です。

❷ ファシリテーターの「せーの！」の掛け声とともに、お題を聞いて思い浮かんだことを、メンバーが一斉に声に出します。

「心をひとつに！」のアイスブレイクでメンバー全員が同じ言葉を発するには、自分の思いを通そうとするだけではなく、他者の思いを汲み取ろうとすることが求められます。そのため相手の思いを聴こうとする姿勢が生まれ、アイスブレイクのシンプルな体験を通して、コミュニケーションの基本である「聴く」姿勢を養うことができるのです。また、互いの表情やしぐさなど、言葉によらない非言語コミュニケーションに注意を向けることにもなります。

さらに、「失敗を恐れない」という雰囲気をつくることもできます。人の学びや気づきは試行錯誤から得られるものです。

園内研修においても、思い切って思いや考えを言葉にしてみることが、新しい視点や発見を得ることにつながります。アイスブレイク「キャッチ!!」も「心をひとつに！」も、当然失敗が起こりますが、同時に笑いも起きます。すると、「失敗を恐れない」という雰囲気を研修前につくることができるのです。

さて、身体と心は相互に影響を与え合っています。身体をほぐすことは、心をほぐすことにもなります。また、立場に関係なくだれでも楽しく参加できる時間を設けることは、参加者の主体的な学びの姿勢につながります。次のアイスブレイクにも取り組んでみましょう。

アイスブレイク「じゃんけん肩叩き」

ペアになり、じゃんけんをします。じゃんけんで勝った人は、負けた人に肩を2分間叩いてもらいます。

あいこの時には、1分ずつ交互に肩を叩きます。肩を叩いてもらっている時には、叩く場所や強さなどの希望を伝えることができます。

時間が来たら、相手を変えて同じことをくり返します。

アイスブレイクは、基本的にはとにかく参加者が楽しむことができれば良いと思います。ただ、アイスブレイクにも様々な種類があり、どれを選ぶか迷うかもしれません。そのような時には、アイスブレイクの「ねらい」を決め、「ねらい」に即した適切なものを選びましょう。例えば、今回の参加メンバーはまだ互いに知り合って間もないため、「相互理解を促したい」というように「ねらい」を決めます。そういう時には次のようなアイスブレイクを実施すると良いでしょう。

アイスブレイク「共通点探し」

❶2～3人で1つのグループをつくります。ファシリテーターの合図とともに、3分間で互いの共通点をなるべく多く探します。

互いに質問し合い、自分の情報をオープンにする必要があるため、自然と相互理解が促されます。

❷見つけた共通点は、A3用紙に書き出していきます。3分経ったら、共通点がいくつ見つかったか発表します。

複数のグループで行い、数を競うと盛り上がります。

アイスブレイク「他己紹介」

❶ ペアになり、自己紹介をします。話しやすいようにファシリテーターがあらかじめテーマを提示しましょう。

テーマ：「自分の名前」「子どもの名前」「最近あったおもしろい子育てエピソードの紹介」

自己紹介ならぬ、他己紹介です。

❷ 5〜6分ほど経ったら、今度は2つのペアを合体させ4人グループをつくります。そして、先程自己紹介し合った相手の自己紹介の内容を、グループ内で紹介します。

　アイスブレイクは、楽しみながら相互理解を促進することができます。そのため、職員同士だけではなく、保護者会や懇談会で保護者同士が知り合うためにアイスブレイクを行うこともできます。アイスブレイクは普段やらないことに挑戦することになります。人間の身体には大小合わせて600以上の筋肉があり、つかわない筋肉は柔軟性を失っていきます。普段やらないことをやることで、身体も頭も柔らかくすることができ、成長・変化するための準備運動となります。ぜひ様々な場面で活用してみてください。

アイスブレイクで雰囲気が和む。ファシリテーターの腕の見せどころ

とらわれの自覚と自己成長

「間違った意見を言ってはならない」「自分の意見を全員が聞くべきだ」といった「〜ねばならない」「〜すべきだ」「〜しないとダメ」という考えにとらわれることで、人は不自由になることがあります。論理療法では、これを「不合理な信念（イラショナルビリーフ）」と呼んでいます。人は常に良くなろうとする自己成長の力を秘めていますが、同時に変化を恐れる生き物でもあります。新しい世界に一歩を踏み出すということは、自然界では命に危険がおよぶ場合もあります。そのため、同じ所に留まっていようとする心の仕組みが

DNAに組み込まれているのではないか、とも考えられています。

劣等感、コンプレックス、極めて高い自己肯定感など、ある特定の「感情へのとらわれ」、人前では決して涙を見せてはならない、感情を吐露することは格好悪いといった、ある特定の「思考へのとらわれ」、自分とは違う意見を受け止めようとしない、虎の威を借りたようなものの言い方など、ある特定の「行動へのとらわれ」はありませんか。そのようなとらわれや恐れを自覚し、超えていくことが研修では求められるのです。

安全・安心とワクワク・ドキドキが共存するグループづくり

とらわれや恐れを自覚し、超えていくためには、グループダイナミクスを活用することができます。グループダイナミク

スとは、社会心理学者のK・レヴィンが提唱した人の思考や行動は集団から影響を受けるという、集団内で作用する力学の

表2　目的に応じたグループ編成

個人	小グループ（3〜6人組）
・他者の意見に左右されることなく、内省し、独自の考えを生み出すことができる。	・チームワークが発揮されれば、視野が広がり、議論が深まる。しかし、メンバーの数が多いと、それだけ1人の発言する時間は短くなる。
ペア（2人組）	**全体**
・常に聴き手と伝え手が交互に入れ替わるため、主体的に参加できる。しかし、視野の広がりや議論の深まりは期待できない。	・小グループでの話し合いの成果を全員で共有し、チームや組織として合意形成や、意思統一をすることができる。

ことです。人は自分の盲点に気付かせて
くれる存在や、困った時にサポートしてく
れる存在があることで、成長することが
できます。つまり、人の成長には他者の
存在が不可欠だということです。そのため、
研修でも成長や変化を促進するために、

目的に応じてグループを編成します。グ
ループ編成は「個人」「ペア」「小グループ」
「全体」の４つに分類できます（表２）。次
の事例では、グループをうまく活用して
研修が進んでいることがわかります。

事例 全員が主体的に取り組む園内研修

　ある保育園では、園内研修の年間計画
を立て、実施していました。しかし、いつ
もベテランの職員ばかりが発言し、経験
の浅い職員はほぼ聴いているだけで終わ
ってしまうことが多く、そのため、全員が
主体的に取り組めるようにファシリテータ
ーは次のような工夫をしました。まず、園
内研修で議論したい内容について、１週
間前にレジュメを配布し、個人で考えを
まとめてきてもらいました。そして当日、
まずはペアになり、意見交換し、その後４
人の小グループになり、模造紙に全員で
出し合った意見をまとめました。最後は、

模造紙を使い、全職員の前でグループご
とに発表を行い、成果を共有しました。

自分たちの意見を模造紙にまとめる様子。小グル
ープのため、新人でも意見を出しやすい

違いは間違いではない

　園内研修においてグループをつくる際、
多様性を活かすことも重要です。そのた
めに、グループを多様なメンバーで構成
してみましょう。例えば、経験年数の長短、
担当クラスが違う保育者、保育者と栄養
士・調理員など、普段かかわらない者同
士でグループをつくることで、化学反応
が起き、新たな学びや気づきが得られます。
また、職員同士の相互理解を促すことに
もなります。参加型の研修において何よ
りも大切な心構えは、「違いは間違いでは

ない」ということです。臨床心理学者の
平木典子氏は、人は違いをもつ権利があり、
一人ひとり体つきや身のこなしが違って
いるように、意見や行動が同じでなくても
よいと言います。つまり「違い」は「間違
い」ではないことを認めることが、自他尊
重するには大事だということです。自他尊
重が職員間でできるようになれば、園内
研修も、違いに興味をもち、楽しむこと
のできる場へと少しずつ変わっていくでし
ょう。

チェックインとチェックアウト

筆者は、研修講師の仕事や学会などで、知らない土地を訪れる機会が多くあります。旅というのは非日常です。日常というのは、ある程度何が起こるか前もって予想ができますが、非日常ではすべてが初めてのことばかりで予想することができません。同じように、研修という場も非日常の場です。仕事場面において先輩が仕事を通じて後輩を指導・育成する方法を

OJT（On the Job Training）と呼びますが、研修の場はOff-JT（Off the Job Training）です。つまり、日常の仕事の場を離れた非日常の場で行われる学びや成長の機会です。非日常だからこそ、日常とは違った一歩を踏み出すことができます。筆者は旅先で、まずその日の宿にチェックインすると安心しますが、研修という非日常の場に、まずはチェックインしましょう。

試してみましょう⑦

チェックイン

ペアになり、「研修テーマについて」「今の気持ち」というテーマについて6分間で伝え合い、聴き合います。

「研修テーマについて」
研修テーマについて普段考えていることや感じていること、また研修において特に学びたいこと

「今の気持ち」
研修に対する期待や不安、あるいは心に引っかかっていること

自分の「今ここ」のありのままを率直に話し、共有することができると、研修に集中することができます。

チェックインは、聴き合う、伝え合うという対話の練習にもなります。もし、均等に話ができていない様子であれば、ペアでじゃんけんをして勝った人が先に話し手になり、まず3分間話します。負けた人

はその間聴き手になり、相槌や質問などをしながらじっくり聴き、自分の話はしません。3分後、役割を交代しましょう。

チェックインがあれば、チェックアウトもあります。研修の最後に、特に印象に

残ったことや学び、気づきをグループで
共有します。学びが定着するためには、
自分の言葉で語ることが重要です。また、
同じ研修を経験しても印象に残る部分は
人それぞれであり偏りがあります。しかし、
それぞれの偏りを他のメンバーと共有す
ることができれば、学びや気づきが深ま
ったり広がったり平均化したりします。そ
して研修において学んだことや気付いた
ことを、どのように実践に活かすかについ
ても共有することで、日常での実践につ
ながりやすくなります。

少人数での伝え合い・聴き合いの様子

試してみましょう⑧

チェックアウト

2～4人で1つのグループをつくりま
す。「気付いたこと」「学んだこと」「行動
目標・計画」を共有します。

「行動目標・計画」
研修後、日常の保育や仕事において取り
組みたい具体的な行動です。自分の中に
留めるのではなく、他者に宣言すること
で、実践に移しやすくなります。

時間に余裕があれば、グ
ループで共有した後、全体共
有をします。グループの発
表者を1人決めて、グループ
の中で話し合われていた内
容を発表し共有します。

対話が成立するためには、職員同士の
関係性の構築が不可欠であるとPart 1で
述べましたが、関係性が構築できていな
い理由は、「対話の機会がない」「対話の
やり方がわからない」という2つに集約さ
れるように感じています。アイスブレイク
やチェックイン・チェックアウトは、短い
時間ですが、対話の練習になり、また保
育の質向上における対話の重要性に気付
くこともできます。

3 フレームワークを活用した議論の積み重ね

研修における「問い」

　保育者は日々の実践を省察することで、専門性の向上と保育の質向上を目指します。「あの場面での私の子どもへのかかわりは適切であっただろうか?」「目の前の子どもたちにとって、最適な環境構成ができているだろうか?」といった「問い」をもつことが大切です。忙しさから、立ち止まり問い直すことがなくなってしまうと、保育に深まりや広がりが生まれません。そのため、保育現場では常に「問い」をもち続けることが重要です。

　ある保育現場では、保育が停滞しつつあると感じると、園長やリーダー層が「なぜ?　どうして?　そもそもなんのために?」という「問い」を保育者集団に投げかけます。つまり、当たり前となっている保育に揺さぶりをかけます。そして、その揺さぶりにより、自分たちの保育について対話が促され、日常に埋没しがちな保育の意味や意義が言語化され意識化されます。これまで述べてきたように、園内研修では、まずは研修のねらいや流れをデザインしますが、その後、特に時間をかけて検討すべきなのが、参加者の対話を促進し、気づきや学びを生み出す「問い」(図2)です。

　例えば、保育観などの価値観の変容(パラダイムシフト)を目指す問い、保育において当たり前になっている枠組みを意識化し、その変容を目指す(リフレーミング)問い、そして、客観的に保育を眺めるメタ認知を目指す(トランスフォーミング)問いなどを用いることができます。

図2　対話を促すための問いの例

パラダイムシフト（価値観の変容）
・「私たちの保育ってこれでいいの?」
・「子どもに聴くことから始まる保育ってどんな保育かな?」

リフレーミング（枠組みの変容）
・「そもそもなぜこの行事・主活動をするの?」
・「何を目指しているのかな?」

トランスフォーミング（メタ認知）
・「それって大人中心の見方じゃない?　期待じゃない?　都合じゃない?」
・「主体的って子どものどのような姿?」

良質な「問い」

「問い」により組織・チームや個人に変化が起きます。留意すべき点は、園内研修や会議において、どのような「問い」を投げかけるかによって、その後の対話の質や関係性の質が変わってくるということです。つまり良質な「問い」を投げかけることが重要だということです。次の「保護者対応研修」で考えてみましょう。

試してみましょう⑨

「保護者対応研修」

運動会前日の午後、園庭で遊んでいる際、3歳児クラスの花子ちゃんが、A先生（4歳児担任）の目の前で石につまずいて転んでしまいました。A先生が確認すると、膝が少し赤くなっていましたが、出血は見られませんでした。3歳児クラス担任のB先生が、明日の準備で園庭にいなかったため、つい伝えるのを忘れてしまいました。運動会当日、B先生は、花子ちゃんが足をかばいながら走っている様子を見て、花子ちゃんのお母さんに確認をしました。そこで初めて、昨日園庭で転んだことを知ったのです。あなたが園内研修のファシリテーターなら、次の❶❷のどちらの「問い」を投げかけますか。

❶「だれの責任だと思いますか？」「なぜこのようなひどいことが起きたのでしょうか？」

❷「この事例から、私たちは何を学べるでしょう？」「今、何ができるでしょうか？」「今後どうしたらよいでしょうか？」

❶の「問い」からは、犯人捜しや、自分が批判の対象とならないように自己防衛が始まります。当然、職員間の関係性も悪化するでしょう。一方、❷の「問い」からは、職員同士の前向きな対話が生まれ、協働して課題を解決しようとする関係性が築かれることが予想されます。

思考の流れをつくるフレームワーク

　研修において参加者は、同じ「問い」を共有することで、1つのチームとして課題解決に取り組むことができます。フレームワークを用いることで同様の効果が得られます。フレームワークとは、問題解決や物事の改善のために用いる、考えるための「枠組み（フレーム）」であり、論点を整理し、全員が同じ土俵の上で議論することを促します。ここでは、「これまでとこれから（As is/To be）」というフレームワークを使って説明しましょう（図3）。

　まずは模造紙やホワイトボードに線を引き3つの枠に分けます。そしてテーマについての、①現状について意見を出し合います。意見は付箋に書いて貼りつけてもよいですし、模造紙やホワイトボードに直接書き込んでもよいです。その後、②理想について語ります。そして最後に、①現状を②理想に近づけるための、③具体的な取り組みについて話し合います。

例えば、保育環境についての研修であれば、「子ども理解」を出し合い（①現状）、さらに「育ってほしい姿」について語り合います（②理想）。そして最後に、具体的な環境構成について話し合います（③具体的な取り組み）。これはとてもシンプルなフレームワークですが、シンプルだからこそ、様々な場面で応用することができます。

　研修や会議で、議論が白熱すると、①②③が順不同で次々と出てきます。フレームワークを用いることで、効率性が増し、さらに参加者の多様な意見が反映された納得感のある結論を出すことができます。フレームワークに関する多くの書籍はビジネス向けではありますが、保育現場で応用できるものもあります。また、議論したい内容に沿って、オリジナルのフレームワークを作ることもできます。

図3　これまでとこれから（As is/To be）

①現状	②理想
③具体的な取り組み	

目標を共有することの重要性

　職員集団がチームや組織として協働し力を発揮するためには、目標の共有を行い、さらに目標達成のための役割分担が明確でなければなりません。チームワークが求められるスポーツにたとえてみましょう。サッカーであれば、ゴールが目標ということになるでしょう。そしてゴールにボールを入れるという目標達成のために、それぞれのメンバーが自分に与えられたポジションにおいて役割を果たします。

　しかし保育現場では、サッカーのように常に目標が明確であるとは限りません。なぜなら、保育には唯一無二の正解はないからです。では、どのように職員間で目標の共有をすれば良いのでしょうか。その答えの1つは、「問い」を共有するということです。例えば、「子どもたちが現在を最も良く生き、望ましい未来をつくりだす力の基礎を培う保育とは？」という「問い」を共有し、共に知恵を出し合い試行錯誤する過程を経ることで、1つのチームや組織として、協働することができるようになります。園内研修においても、参加者間で目標や「問い」を共有することは、1つのチームや組織として学びに取り組もうとする姿勢につながります。蛇足かもしれませんが、これは園と保護者との関係でも同じことが言えます。どれだけ園がひたむきに子どものことを考えて保育をしていても、保護者と目標や「問い」を共有できなければ協働関係は築けません。園の保育への「共感なしに協力はなし」だと思います。

フレームワークを活用しよう

　園内研修や会議をこれまで行っていた一方通行のものではなく、参加・対話型に変えていった場合、ファシリテーターが最初に苦労するのは、多様な意見をどのようにまとめ、どのように結論に結びつけたら良いかわからないということのようです。

　また、参加者が主体的に話し合いに参加できるように小グループでの対話を取り入れた場合、グループの数が多いと、ファシリテーターがすべてのグループの話し合いの状況を把握しきれなくなります。さらに参加者も、議論が白熱してくると、グループの中で「これまで話したこと」や「今何について議論すべきなのか」を忘れて話が脱線しやすくなります。

　このような場合、フレームワークを活用すると良いでしょう。フレームワークを用いることで、ファシリテーターが介入しなくても自分たちで軌道修正し議論を積み重ねることができます。次の試してみましょう⑩⑪のフレームワークを使って自分たちが目指したい子どもの育ちについて話し合ってみましょう。

フレームワーク
「目指したい子どもの育ちの姿」

❶模造紙または、A3用紙に下記の表を書きます。なるべく紙全体を使って大きく書きましょう。

❷まずは、7.5cm角程度の大きさの付箋に、個人で保育を通して「目指したい子どもの育ちの姿」を記入します（5分）。その際、ほかのグループメンバーの意見を見たり、聞いたりしないようにしてください。付箋1枚につき、1つの意見を書きます。いくつも意見がある時には意見の数だけ付箋を使います。

❸付箋に書いた「目指したい子どもの育ちの姿」を読み上げながら、模造紙の左側に貼っていきます。この時、書いた文章をただ読み上げるのではなく、理由も話すようにします。言いっぱなし、聞きっぱなしにならないようにしましょう。互いに質問し合い、相互理解を深めるようにします。

❹今度は、「目指したい子どもの育ちの姿」につながるような、「指導計画とその展開・環境構成・子どもへのかかわり・配慮」について、同じように個人で付箋に意見を書き、説明を加えながら貼っていきます。

❺最後に、対話を通して得られた、気づきや学びを共有します。このフレームワークを使うことで、一人ひとりの保育者がどのような思いをもって日々保育をしているのかを共有し、さらに「目指したい子どもの育ちの姿」に向けた保育を具体的に考えることができます。

目指したい子どもの育ちの姿 →	指導計画とその展開・環境構成・子どもへのかかわり・配慮

フレームワーク
「子ども理解から環境構成を考える」

子ども理解は保育の起点となるものです。子ども理解から環境構成を検討する時に、次のフレームワークを用いて、子ども理解から保育を振り返り、これからの環境構成について検討してみましょう。

子ども理解		
↓ 保育の振り返り	良かったと思われること	改善すべきと思われること
↓ 環境構成		

❶模造紙または、A3用紙に上記の表を書きます。今回は付箋を使わず直接書き込みましょう。

❷子ども理解について、一定の期間（週・月など）に見られた子ども（個人・集団）の姿の変容や、一人ひとりの「その子らしさ」（個性や良さ）、育ってきたこと、育ちつつあること、伸ばしてほしいことを書き込みます。

❸次に、子ども理解から保育を振り返ります。「良かったと思われること」「改善すべきと思われること」を書き込みます。

❹最後に、今後の具体的な環境構成について考え、書き込みます。

これを体験すると実感できると思いますが、フレームワークは思考の流れをつくります。子ども理解から始まるフレームワークを使い、対話を重ねることで、環境だけではなく、保育の計画や子どもへのかかわりなども子どもを理解することから出発するようになっていきます。

保育計画や記録もフレームワーク

会議において結論を出すためにフレームワークを活用することもできます。例えば、Tチャートというフレームワーク（図4）では、設定したテーマに関して賛成意見と反対意見を書き出し見える化します。見える化することで、賛成意見と反対意見を比較することができます。

また、A案とB案のどちらかに決める必要がある場合、こちらもTチャート（図5）を使って、それぞれの案のメリットとデメ

リットについて見える化し、比較することで結論を出しやすくなります。これまでのフレームワークの活用法を読んできて、すでに気付いた方もいるかもしれませんが、保育現場において日常的に使用する書類も実はすべてフレームワークです。例えば連絡帳には、保護者と共有すべき項目が最初から書かれています。その項目に沿って記入すれば、内容の質はともかく、新人保育者でも抜け漏れは発生しません。

図4 賛成意見と反対意見を見える化

テーマ：

賛成	反対

図5 メリットとデメリットを見える化

テーマ：

	メリット	デメリット
A案		
B案		

けがや事故対応のためのフローチャート（図6）や、チェックリストやマニュアルを使うことで、業務の平均化や効率化が期待できます。

保育の営みを支える計画や記録の様式

も1つのフレームワークです。書くことで保育者の思考が整理されたり、自己との対話が起こり保育の省察ができたりといった、より取り組む意義のある様式に必要に応じて作り変えていきましょう。

図6 けがや事故対応のためのフローチャート

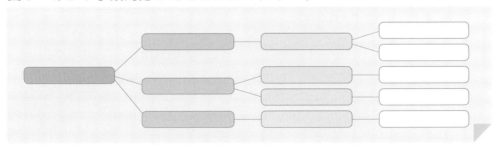

KJ法を活用した多様な意見のまとめ方

多面的な子ども理解の促進

　保育は子ども理解が起点となります。しかし、子ども理解にあたっては、保育者が自身の固定的枠組みや決めつけ・思い込みにより、子ども一人ひとりの様々な思いや育ちの可能性を見逃してしまうことにつながる恐れがあります。子どもは、場所やかかわる相手、状況等によって違う姿を見せるという前提をもち、多面的な理解を心がけなければなりません。研修や会議において、職員一人ひとりが自分の子ども理解を自由に、率直に出し合うことによって、多面的な理解が可能となります。さらに発想を転換し、問題を解決するブレイクスルーを起こすことも期待できます。ブレイクスルーとは、直面している課題を打ち破ることのできる革新的な解決策のことです。

KJ法

　KJ法とは、多様なアイデアをグループごとにまとめ、図解化する手法です。文化人類学者の川喜田二郎氏がデータをまとめるために考案しました。ブレインストーミングで多様な意見が出た後、それらを集約して結論を導く時に活躍します。

　ところが、職員間の関係性が構築されていないと、新人だけではなく、多様な層の職員も様々なプレッシャーを感じながら研修に参加することになります。例えば、「正しいことを言わなくてはならない」「意見が対立したら嫌われるかもしれない」「批判されたらどうしよう」といったプレッシャーです。特に大人数が参加する場において、1人ずつ自分の意見を皆の注目を浴びながら発表するという状況は、プレッシャーを増大させます。そのため、プレッシャーを軽減するための工夫が求められます。

　そこで次の3ステップ（図7）に沿って話し合いを進めてみましょう。まず付箋やワークシートを使って、個人で記入する時間（ステップ❶）を取ります。ワークシートとは「○○についてあなたはどう考えますか？」などの問いが並んでいる、書き込み式の用紙です。いきなりグループで意見交換をするのではなく、個人で付箋やワークシートに記入する時間をもつことで、他者の意見に左右されることなく、じっくり内省し、独自の考えを生み出すことができます。その後、3〜4人などの小グループで付箋やワークシートに記入したことを、説明を添えながら、模造紙に貼るなどして共有します（ステップ❷）。グループで意見交換することで、視野の広がりと議論の深まり、チームワークが生まれます。最後に、小グループ

で出た意見を全体で共有します（ステップ❸）。このようなスモールステップを採用することで、大人数の研修でも参加者のプレッシャーを軽減させることがで

き、さらに一人ひとりが互いにしっかり伝え、聴く時間を確保できるため、相互理解や関係性の構築が促されます。

図7　3ステップによる意見交換

ステップ
1　個人で記入

ステップ
2　小グループで共有

ステップ
3　全体で共有

KJ法を活用した話し合い

多様な意見を出すための手法として、よく用いられるのがブレインストーミング（以下、ブレスト）です。ブレストとは、多様なアイデアを出すための手法で、ブレイクスルーが期待できます。自由奔放で荒削りなアイデアを歓迎し、アイデアの質より量と多様性を重視します。そのため、ブレスト中はアイデアを吟味することはせず、とにかく多くのアイデアを出していきます。また、他者のアイデアに便乗することが前向きに評価されます。他の人の意見から連想し発展させることで、新しいアイデアが生まれるのです。そしてもうこれ以上新たなアイデアが出てこない状態になったら、アイデアを収束させていきます。しかし、多様なアイデアを共有することはできても、それらを集約して結論を導くことに困難を感じるかもしれません。そこで、KJ法を活用することが

できます（図8）。

KJ法とは、文化人類学者の川喜田二郎氏がデータをまとめるために考案した手法です。カードに記述した断片的なデータをグループごとにまとめ、図解化します。問題の本質を見出したり、創造的なアイデアを生み出したりするために非常に有効な方法と言われています＊1。KJ法は子ども理解を深める以外にも、保育の振り返りや保育の計画を作成する際に活用することができます。もちろん、慣れるまで時間がかかるかもしれません。しかし、普段と同じことをやっていては、成長や変化は期待できません。特に研修は非日常の場であり、これまでとは違う新しい一歩を踏み出すことで、新しい気づきや学びが生まれるのです。ぜひ園内研修に取り入れて、職員の皆さんで挑戦してみてください。

図8　KJ法を用いた話し合いの例

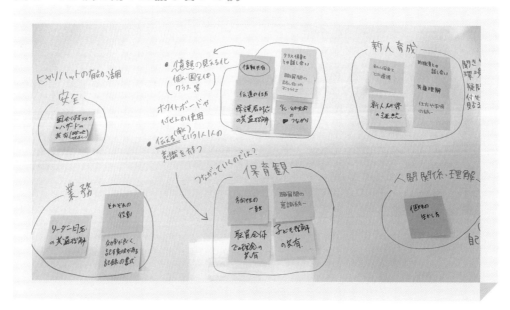

＊1　本書で紹介している方法は、KJ法をシンプルにした方法であり、研究の分析等に用いるには、細かな留意点を押さえることが求められるため、KJ法の訓練が必要です。

ワーク
「KJ法による子ども理解の促進」

子ども理解を深めるために、また多面的な子ども理解の重要性を実感するために、ＫＪ法を用いたワークを体験してみましょう。

小グループ（4〜6人）に分かれ、模造紙を囲むように座ります。印象に残った保育場面の写真を1枚印刷しておき、それぞれのグループの模造紙の中央に貼ります。写真を撮った保育者は、その瞬間の前後の状況も含めてエピソードを話します。
（ステップ❷はP.42の資料を参照）

ステップ1　1人に5枚程度の付箋を配り、個人で子ども理解（子どもの興味・関心、心身の状態、人間関係、育ち、発達、個の理解・集団の理解など）を付箋に書いていきます。付箋1枚につき1つの意見を書きましょう。

ステップ2　付箋に書いた内容を読み上げながら模造紙に貼っていきます（ステップ❷-1）。似通った内容の付箋は近くに貼るようにします。さらに新しいアイデアが誘発されたら、付箋を追加しても構いません。そして、似通った内容の付箋をまとめてグループにします。各グループにはそのまとまりを表現する「タイトル（1行見出し）」をつけましょう（ステップ❷-2）。まとまりができた後、付箋をより適切なグループに移動させても構いません。最後にグループ間の関係性を矢印で表現します（ステップ❷-3）。矢印の種類は次のように表現しましょう。

原因と結果：⟶　　関係あり：⎯⎯

因果関係：⟷　　対立：>⎯<

ステップ3　小グループで模造紙に表現した内容と、ワークを通して学んだことや気付いたことを発表し、全体で共有をします。

ステップ❷−1

命の実感 　かわいらしさ

生き物の特徴への気づき

扱い方がわからない 　生き物の思いがけない反応

命のはかなさ

気づきの共有 　おもしろさの共有

友だちとの共感と優しさ 　期待や予測

驚きとおもしろさ 　ふれてみたい

未知の生き物に対する怖さ

ステップ❷−2

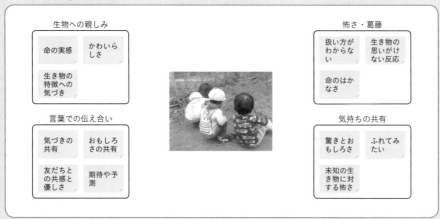

生物への親しみ

命の実感 　かわいらしさ

生き物の特徴への気づき

言葉での伝え合い

気づきの共有 　おもしろさの共有

友だちとの共感と優しさ 　期待や予測

怖さ・葛藤

扱い方がわからない 　生き物の思いがけない反応

命のはかなさ

気持ちの共有

驚きとおもしろさ 　ふれてみたい

未知の生き物に対する怖さ

ステップ❷−3

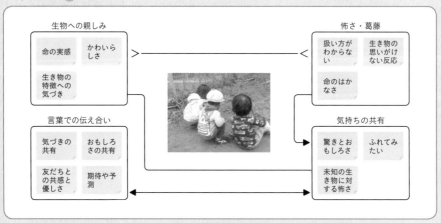

生物への親しみ

命の実感 　かわいらしさ

生き物の特徴への気づき

言葉での伝え合い

気づきの共有 　おもしろさの共有

友だちとの共感と優しさ 　期待や予測

怖さ・葛藤

扱い方がわからない 　生き物の思いがけない反応

命のはかなさ

気持ちの共有

驚きとおもしろさ 　ふれてみたい

未知の生き物に対する怖さ

5 ポジティブ（AI*2）アプローチによる思いの共有

PDCAサイクルによる保育の質向上

保育の質を向上させていくために、ファシリテーターは様々なアプローチを用いることができます。しかし、それらのアプローチを用いる際には、その特徴（得られる成果や弊害など）を理解しておく必要があります。カリキュラム・マネジメント（全体的な計画の作成・見直し）においては、PDCAサイクルを継続的に循環させることが重要です。ご存じの通りPDCAとは、Plan（計画）、Do（実行）、Check（評価）、Action（改善）の頭文字を取ったものです*3。保育現場においては、PDCAサイクルの循環を継続させることで、保育の質を向上させていくことができます。

ただ、気を付けなければならないのは、保育は子ども理解を起点とした営みであるため、Plan（計画）から始まるのでは

ないということです。保育者は、子どもの実態に即して計画を立てます。計画という枠組みに子どもをはめ込んでいくのではありません。実際の保育では計画通りに子どもは動きませんし、想定外のことが起こるため、保育者は臨機応変に対応することが求められます。保育者は、個々の子どもの状況に応じて、専門的知識を活かして応答的に柔軟にかかわることが求められますが、これは保育者の熟達化により可能となります。そして、日常の保育の営みの中に、保育を振り返り改善していくPDCAサイクルのような循環的な過程が位置付けられていることで、保育者の熟達化が期待できます。

ポジティブ（AI）アプローチ

ポジティブ（AI）アプローチとは、その名の通り、前向きで肯定的なアプローチです。個人やチームの「良さ」や「強み」、あるいは「すでにできていること」に注目し伸ばしていきます。前向きで肯定的な質問により生み出されたポジティブな思考により、変革へのモチベーションやエネルギーを生み出すことができます。

---

*2　Appreciative Inquiry（アプリシエイティブ・インクワイアリー）の略。
*3　元々は、Plan（計画）→ Do（実行）→ Check（評価）→ Action（改善）のサイクルをくり返し行うことで、継続的に業務改善を促していくための方法です。

問題解決アプローチとその欠点

　「問題解決アプローチ」と呼ばれる問題解決の手法も、馴染みがあると思います。問題解決アプローチは主に４つのステップで進みます（図９左）。最初は、問題や課題についての現状理解から始めます（ステップ１）。それから、問題や課題が起こった原因や背景を究明します（ステップ２）。そして、分析し解決策の検討を行います（ステップ３）。最後に解決策について具体的な計画立案を行います（ステップ４）。さらに一定期間計画を実行した後、取り組みの成果を確認し、まだ解決すべき問題が残っていれば、再度これらのステップをくり返します。

　問題解決アプローチは、ギャップアプローチとも呼ばれ、問題解決において有効な手段で、短所・欠点を埋めて完璧な状態を目指すアプローチです。人材育成においても、ギャップアプローチの考え方が取り入れられています。例えば、新人保育者の欠点や苦手なことなど、欠けていると考えられる資質・能力を補うことに注力し、完璧な保育者として育てようとする育成方法です。しかし、問題や課題というのはいくらでも見つけることができるため、キリがありません。そして欠けているところばかり注目されると、保育者としての自信を失ってしまいます＊４。モチベーションを高め、自ら学び育とうとする力を引き出すことができないため、リーダーだけが熱くなり空回りしていると感じられるかもしれません。そのような時には、次に紹介するポジティブ（AI）アプローチを試してみてください。

ポジティブ（AI）アプローチ

　問題解決アプローチの最初のステップは、問題についての現状理解になりますが、強みや良さの発見から始まるアプローチが「ポジティブ（AI）アプローチ」です（図９右）。ポジティブ（AI）アプローチでは、欠けているところに注目し穴やギャップを埋めようとするのではなく、自分たちの強み（潜在力）を発見し評価します。すでに存在している強みや良さを再評価すると言っても良いかもしれません。そして、それらの強みや良さが十分に発揮されたらどのような理想（例：理想の保育、理想の職場等）が達成できるか、具体的なイメージを描きます。そして、その理想を実現する方法について対話を行うという流れになります。理想追求型のアプローチと言うこともできるでしょう。人材育成であれば、その人の長所や良さに着目し、それらが発揮されるような環境を整えます。

　対話の方法は様々ありますが、今回は「スリー・ステップ・インタビュー」という手法をご紹介します。これは別名、他己紹介（自己紹介ではなく）とも呼ばれます。まず２人組を複数つくります（図10左）。

＊４　そもそも完璧な保育者というのは存在しません。リーダーが過剰な期待をもち、自分の理想とする保育者のイメージに近づけようとしている場合が多いのかもしれません。

それから、AがBにテーマに沿ってインタビューをします。その後、BがAにインタビューをします。CとDも同様に互いにインタビューを行います。互いにインタビューが終了したら、ABCDでグループになります（図10右）。AとBはインタビューをした相手の内容を要約してCとDに伝え、CとDも同様に行います。自分の語りが他者というフィルターを通してその場で語られるという、日常ではありえない貴重な経験をすることになります。自己の思いや考えを他者に尊重されるという経験を通して、互いの思いに耳を傾ける、尊重しようという姿勢につながります。また、自己の思いや考えを客観的に捉えることができる経験となります。

一人ひとりの思いや考えを出し合うと、集約し結論を出すことが難しいと感じるかもしれません。しかし、豊かで充実したプロセスを共有することでのみ、納得感と共感が生まれます。保育には正解がないからこそ、保育現場における合意形成では「納得感と共感のある妥協点を探る」ことが重要になるのではないでしょうか。対話では結論を共有するだけではなく、「感情の共有」「時間と場の共有」「苦労の共有」「気づきや学びの共有」も大切にしてみてください。

図9　問題解決アプローチとポジティブ（AI）アプローチ

問題解決アプローチ	ポジティブ（AI）アプローチ
ステップ1　問題・課題の理解	自分たちの強み（潜在力）を発見し、評価する
ステップ2　原因究明（犯人捜し）	強みが発揮されたらどのような理想が達成できるのか
ステップ3　分析と解決策の検討	理想を実現する方法について対話を行う
ステップ4　計画立案	理想の実現に向けて継続的に取り組む

図10　スリー・ステップ・インタビュー

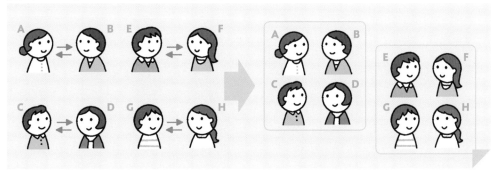

ポジティブ（AI）アプローチ
「目指したい保育のあり方を描く」

ステップ❶

　まずは、個人で①目指したい子どもの育ちの姿、②目指したい職員集団のあり方について、それぞれ理想の姿を下の表に書いてください。理想の姿なので、正解はありません。一人ひとりの考えや思いが明確になることを目指しましょう。園の方針やほかの職員の考えに左右されないように、まずはじっくり自分の気持ちに向き合って書いてみましょう。

①目指したい子どもの育ちの姿	②目指したい職員集団のあり方
例：友だちや保育者とのつながりのなかで、主体的に遊び込む	例：互いに保育への思いを率直に伝え合い聴き合い、協働する

ステップ❷

　次に、2人1組になり、互いに下記のインタビューシートを用いてインタビューを行います。

- -

インタビューシート

　これからインタビューを行います。少し気恥ずかしい気持ちが起こるかもしれませんが、その気持ちを脇において、率直にお答えください。

　まず、あなたが書いた①目指したい子どもの育ちの姿、②目指したい職員集団のあり方を教えてください（Q1、Q3の　　　にインタビューする相手の答えを書き込んでください）。

Q1　「目指したい子どもの育ちの姿」は、なぜ　　　　　　　　　　　にしたのですか？　これまでのあなたの保育経験（あるいは子どもとかかわった経験）のなかで、子どもたちが　　　　　　　　　　　　　　　であった場面（エピソード）があれば1つ思い浮かべてお話しください。

Q2　その時あなたは、保育者としてどのように子どもたちにかかわっていましたか。あなたが保育において大切にしている価値観や信念、こだわりはなんですか。

Q3　「目指したい職員集団のあり方」は、なぜ　　　　　　　　　　　にしたのですか？　また、そのような理想的な職員集団になることができたら、どんな良いことがありますか？（子どもには？　保育者には？）

- -

ステップ❸

　小グループになり、インタビューをした内容を共有します。自分たちの強みや良さが発揮されたら、どのような理想の保育や、子どもの育ちが実現できるのか、またそれらを支える理想の職員集団ができるのか、模造紙に言葉や図、イラストなどを用いて自由に表現します。

ステップ❹

　各グループで考えた内容を発表し全体で共有します。さらに時間があれば各グループの発表内容をまとめて、目指したい保育のあり方を模造紙やホワイトボードに表現します。

6 園外研修内容を共有する ジグソー法

園内での共有のために

現場の体制を整えて、園外研修に職員が参加しても、園内で学習内容の共有ができているでしょうか。参加した職員が報告書を提出し、回覧するだけになっているというケースをよく聞きます。そのような方法では、参加した職員の専門性向上にはなりますが、園全体の学びや保育の質向上にはつながりにくいと思います。オンラインの研修やシンポジウムが多く開催されるようになりましたが、効果的・効率的に学びや気づきを共有する

ために、協同学習＊5の手法の1つである「ジグソー法」を活用することができます。

まず、同じ園外研修に参加した職員がエキスパートチームとなり、職員間で特に共有したい内容と、その伝え方について話し合います。その後、少人数で短時間（30分程度）の園内研修を複数回実施します。エキスパートチームの一人ひとりが、その園内研修の講師となって、学習内容を共有するのです（図11）。自分の言葉で他者に学習内容を説明することは、再学習の機会となります。

対話の手法は様々ありますが、良い話し合いの条件とは、参加の平等性や機会の均等性が保たれていること、参加者が主体的に参加していること、そして建設

図11 協同学習 －ジグソー法の応用

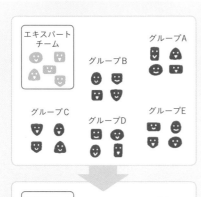

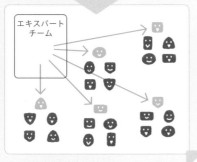

ジグソー法

ジグソー法は、協同学習の手法の1つです。ジグソーパズルを組み合わせるように、グループで学んだことや気付いたことを互いに出し合い、他者に説明したり概念化したりしながら、全体像をつくりあげていきます。自分の言葉で説明するなかで、学びや気づきが定着し、実践に移しやすくなります。

＊5 「協同学習」とは、問題解決などの学習過程を通して、小グループ内に互恵的関係を築く、学習者中心の学習手法です。

的な話し合いができる相互尊重の風土があることです。また、学びには、成長・変化だけではなく、失敗や葛藤を乗り越えるユーモア、楽しさも大事です。これ

まで紹介した対話の手法を用いて、「話して良かった」とか、「話してみるものだね」という充実感を得ることのできる園内研修に取り組んでみてください。

ジグソー法の活用

ジグソー法は、内化する（インプット）だけではなく、学んだことや気付いたことを解釈し、他者に説明したり、概念化したり、一般化したりして表現するような、外化する（アウトプット）学び方です。グループで話し合い、単に模造紙に発表内

容をまとめるだけではなく、自分の言葉で他者に内容を説明することで、学びや気づきの定着が促され、実践に移しやすくなります。園内研修においてジグソー法を用いて保育環境の改善を行っている事例を紹介します。

事例　ジグソー法を用いた保育環境の改善

ある保育園の園長は、保育環境に課題を感じていました。そこで、保育環境についての園内研修を行うことにしました。各クラスで保育環境マップを作成し、保育者の意図を書き込んでもらいました。研修当日は土曜日で子どもがいなかったため、3～4名の小グループに分かれ、各クラスを巡るツアーを行いました。クラ

ス担当保育者は、自分のクラスで保育環境マップを使いながら環境構成について説明を行い、質問を受けました。研修を通して、保育環境について説明できることと、できないことがあることに気付きました。研修後は、保育者間で対話をして保育環境を創りあげていこうとする姿勢が生まれました。

保育の自己評価への
前向きな姿勢をつくる

保育の自己評価とは、「職員一人一人が子どもについての理解をより豊かなものとし、自分（たち）の目指す保育を実現していくことに向けて、日々の保育実践

の意味を考え、次のよりよい実践へとつなげていくために行うもの＊6」です。つまり、評価とは自分たちの保育のアセスメント（assessment：物事を客観的に

　＊6　引用：「保育をもっと楽しく　保育所における自己評価ガイドラインハンドブック」厚生労働省（2020）

評価・分析すること）であり、保育実践の一部として位置付けられています。保育の質の確保・向上のためには、職員間の対話などを通して保育の自己評価を行い、継続的に改善し続けることが求められます。しかし、「評価」という言葉の響きから、「保育の良し悪しや出来・不出来を『判定』する*6」ものとして捉えてしまい、取り組みに対して消極的になってしまうこともあるでしょう。

　人は他者から否定や批判をされることで自信を失います。他者から批判されなくても、自分の保育の評価をするということは、自己に対して批判的な目を向けることになります。自己評価は「して終わり」ではなく、評価を通じて得た保育の改善・充実の手がかりや手立てを、次の保育に活かすことが大切です。しかし、保育を変えるということは、新しい挑戦をすることになり、これまで経験したことのない子どもの反応や、想定外の状況が起こります。そのため、不安を感じたとしても無理もありません。

　そこで自己評価への前向きな姿勢をつくるためにファシリテーターが重要な役割を担うことになります。ファシリテーターに求められる姿勢は、積極的な傾聴と受容です。子どもであっても、大人で

あっても、人が変化・成長していく時には、他者の存在を必要とするものです。職員間で保育の自己評価を行う際に、まずはこれまでの実践を共に振り返り、そこで感じた保育の手応えや子どもの育ちの姿を共有することから始めましょう。

　「あるがまま」を認められ、心理的安全性*7が確保されたと職員が感じたら、課題とこれからの目標を共有します。そして、一定期間の後、再度保育を共に振り返る機会をつくり、進捗を共有します。つまり、「やってみてどうだった？」を共有するのです。そのような機会を設定することで、目標を達成しようとする意識と積極的に取り組む姿勢が生まれます。とはいえ、ファシリテーターが聴き役に徹するだけでは、保育の質は向上しません。そこでファシリテーターが「問いかける」ことにより、停滞しているチームや組織に揺さぶりをかけ、「このままではいけない」という気づきを促し、変わっていこうとする力を引き出していきます。ただし「問い詰める」のではありません。「問い詰める」だけでは、相手は課題に対して受け身になり、自分事として取り組むことはできません。共に課題と向き合い、考え試行錯誤するというプロセスを共有することが重要です。

ジグソー法を活用した保育の振り返り

　「ジグソー法」を用いた保育の振り返りをご紹介します。「ジグソー法」とは、協同学習の手法の1つです。その名の通り、ジグソーパズルのように、パズルのピースを組み合わせるような対話の手法

です。次のページに、ジグソー法を活用した「保育の振り返り」例をまとめています。こちらに紹介したのは一例ですので、各園の実態に応じて形を変えてぜひチャレンジしてみてください。

*7　「心理的安全性（psychological safety）」とは、組織やチームにおいて職員がそれぞれ気兼ねなく率直に考えを述べても、恥をかかされることも無視されることも非難されることもないと確信している状態です。

ジグソー法「保育の振り返り」

❶各クラスの担当保育者は、研修当日までに一定期間（1～3か月間）の保育の振り返りをします。そして、A4の紙にそれぞれが話したい保育の課題やテーマを書きます。
（例：子どもとのかかわり、活動・行事に向けて、環境構成、保護者との連携等）

❷研修当日に、先ほどのA4の紙を持ち寄り、同じような課題やテーマを選んだ3～4人でグループをつくります（図1）。そして、課題やテーマについてグループで対話を行い、話し合った内容を模造紙にまとめます。その際、グループにA・B・C……とグループ名をつけてください（図2）。

図1

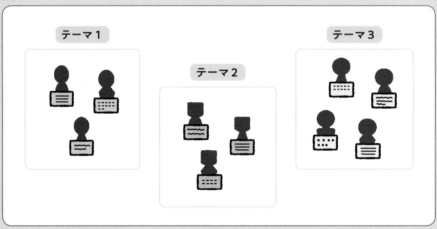

図2

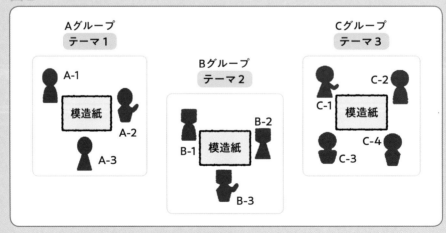

❸各テーマの模造紙の前に、A・B・C
……のメンバーが集まります（図3）。
そして、その模造紙を作成したグルー
プの人が、グループで話し合った内容
を発表します。例えば、テーマ1の模
造紙前にいる人は、Aグループの人
の発表を聞きます。発表を聞いた後、
メンバーは感想や気づきを伝え、質

問をします。

❹時計回りに場所を移動していき、順
番に発表をします（図4）。

❺全グループの模造紙を回り、発表を
聞き終わったら、全員が最初のグルー
プに戻り、気づきや学びを共有します。

図3

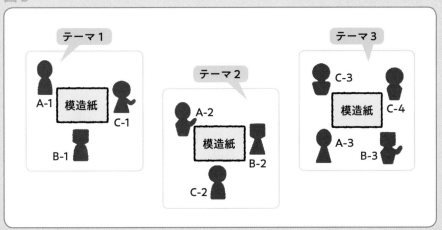

図4

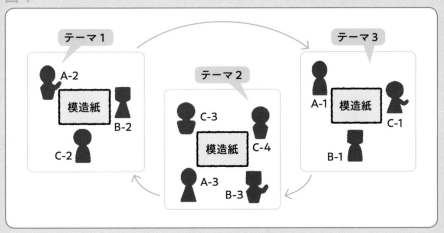

7

多様なものの見方をつなげる
ワールド・カフェ

少人数での対話による
学びと気づきの共有

　ワールド・カフェは、「多様なものの見方をつなげて、皆で発見したことを収穫し共有する」対話手法です。4〜6人の小グループに分かれて、テーブルを囲み対話します。テーブルには模造紙と油性サインペンが置かれます。模造紙には、話し合いの経過がわかるように、気になったキーワードなどを言葉や絵で記入します（写真）。

　また、テーブルごとに、トーキングオブジェクト（小さな人形など）を置き、発言者はトーキングオブジェクトを持って発言します。15〜20分程度の小グループでの話し合いを3ラウンド続けます（図12）。

　そして、各ラウンドでファシリテーター

は、研修のテーマに沿った対話を促す良質で前向きな「問い」を投げかけます。例えば、「子どもを人間として見るとは、あなたにとってどういうことですか？」「子どもを人間として見ることができると、どのような良いことが起こるのでしょうか？」「子どもを人間として見る保育実践の実現のために、ここに集った私たちができることはなんでしょうか？」など、参加者が自分の考えや思いを語ってみたい、他者の考えや思いを聴いてみたいと感じるような質問をします。ラウンドが終わる際、テーブルに残るホスト役を1人決め、ほかの人は別のテーブルに移動します。次のラウンドの開始時には、テーブルに残ったホスト役が模造紙を示しながらこれまでの対話の過程を説明してから、新しい「問い」についての話し合いを始めます。新たに座った参加者は、目の前の模造紙にまた言葉や絵を自由に書き足していきます。同じようにして3ラウンドが終わったら、最初のテーブルに戻り学びや気づきを全体でシェアします。1回のラウンドは15〜20分程度の時間を確保することで、じっくり意見交換をすることができます。何度もメンバーを入れ替え、その都度他のグループでの対話の内容を共有することをくり返すことで、会場全体で対話を行ったように感じます。

ワールド・カフェ

　参加者がリラックスした雰囲気のなかで対話を進めるのがワールド・カフェ。4〜6人ずつのグループに分かれて、テーブルを囲みます。飲み物やお菓子を用意して、くつろいだ雰囲気でおこなうのがおすすめです。

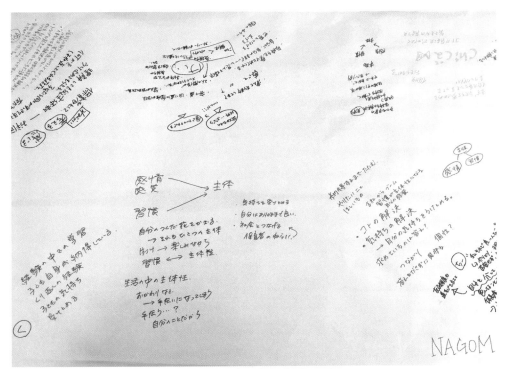

ワールド・カフェで使用した模造紙の例。模造紙を囲んで座り、自由に記入していく。

図12　ワールド・カフェの流れ

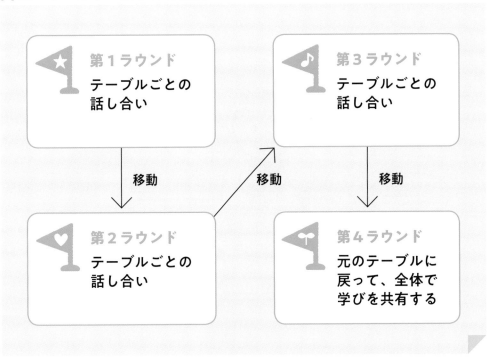

第1ラウンド テーブルごとの 話し合い	→ 移動	第3ラウンド テーブルごとの 話し合い
↓ 移動	↗ 移動	↓ 移動
第2ラウンド テーブルごとの 話し合い		第4ラウンド 元のテーブルに 戻って、全体で 学びを共有する

ワールド・カフェ
「対話を促す問い」

普段あまり意識化できていないことについて内省を促すような「問い」を投げかけると、対話が活性化されます。ワールド・カフェにおいて、どのような「問い」を投げかけてみたいですか？

全3ラウンドの問いを考えてみましょう。また、それらの問いに対する参加者の反応や答えを予想してみましょう。

ラウンド1

問い

- -

参加者の反応や答え

ラウンド2

問い

参加者の反応や答え

ラウンド3

問い

参加者の反応や答え

　ワールド・カフェのメリットは、複数回のメンバーの入れ替わりにより、短時間でも参加者全体で意見交換ができるということです。ワールド・カフェのやり方は、最初は複雑に感じるかもしれませんが、慣れてくれば様々な場面で応用できます。また必ずしも結論を出す必要はないので、率直な意見交換ができるようになるための練習段階で活用できます。

8 対話の基本である傾聴の姿勢が身につく質問会議

対話の基本は聴くこと

「質問会議」とは、NPO法人日本アクションラーニング協会代表の清宮普美代氏によって提唱された、質疑応答だけで進行する問題解決のための会議です＊8。対話においては、参加者が互いに傾聴の姿勢をもつことが求められます。ところが実際の問題解決のための会議では、十分に聴くことをせず、状況を理解したつもりになって早々に助言を伝えたり、解決策を見出そうとします。そこで、質問会議を体験することで、傾聴し状況を十分に理解することの重要性に気付くことができます。

さて、質問会議には次の4つの基本ルールがあります。①話していいのは、「質問」とその「答え」のみ、②ステップに沿って話し合いを進める、③積極的な参加（平等性）と傾聴の姿勢、④犯人捜しではなく、どうしたらこの問題を解決できるかという視点で考える、ということです。これらのルールから逸脱が起こった場合は、ファシリテーターが介入します。

ルールに則った会議の進め方ですが、まずは、小グループになり、メンバーの1人が問題提示者となり、今抱えている問題を2分で説明します（図13のSTEP1）。その後、問題をより良く理解するために、あるいは問題解決のために他のメンバーは「質問」し、問題提示者はその「答え」のみで話し合いを始めます（STEP2）。質問は、問題解決につながるような質問、視点を変えるような質問、問題について俯瞰を促すような質問、気づきを促すような質問などを心がけます。全員が問題解決に貢献し、参加の平等性を保てるように時計回りで順番に質問をしても良いでしょう。この方法に慣れてきたら、質問を思いついた人が自由に質問をするという形にしても良いと思います。

ある程度質問したら（3巡程度）、問題提示者の抱えている「本当の問題は何か」ということをメンバーそれぞれが考えて発表し、その中から問題提示者は本当の問題だと思うものを選びます（STEP3）。本当の問題について全員が合意できたら、「どのような状態になればいいのか？」と

質問会議

質問会議は、「質問」とその「答え」のみで進行する問題解決のための会議です。問題提示者の話を傾聴し、自分の意見を言ったり助言をしたりするのではなく、すべて質問形式で問い、問題提示者は「答え」のみで話します。その中から見えてきた、問題の本質をそれぞれが考えて発表します。

＊8　本書で紹介している方法は、質問会議のおおまかな流れを採用したものです。

いうことについて考え、ゴールを設定します（STEP4）。再度、「質問」とその「答え」のみでどのようにゴールに到達するかをチームで考えます（STEP 5）。またある程度質問をしたら（3巡程度）、問題提示者が、問題を解決するためにどんな行動を起こすのかを発表します。メンバーは問題提示者の行動目標について「サポートできること」「協力できること」を発表します（STEP 6）。

　最後に振り返りをし、グループでの話し合いのプロセスを振り返ります（STEP 7）。「問題提示者にとってこの話し合いは助けになりましたか？」「チームのメンバーにとってはどのような学びや気づきがあったでしょうか？」といった内容について振り返ります。

　質問会議には、カウンセリングやコーチングのように、「相手が必要としている答えは、相手の中にある」という前提があります。多様な質問を受けることで、問題提示者は問題の背景や起こった経緯などを多面的に検討できます。メンバーは質問会議を行うとつい、助言を伝えたくなりますが、状況をしっかり理解しない上で行う助言は役に立たないことも多く、また信頼関係がない相手からの助言は、表面上は受け入れたように見えても、納得感がないため実行に移そうとしません。傾聴することは信頼関係の形成につながります。大事なのは、本人が自分で問題解決するためのサポートをすることであり、チームで個人の問題解決に貢献する感覚を身につけるために、質問会議を活用することができます。

図13　質問会議の流れ

STEP1
問題提示者が問題を説明する

STEP2
メンバーが時計回りで質問し、問題提示者が答える（3巡程度）

STEP3
本当の問題は何かについてメンバーが発表し、問題提示者がその中から選択する

STEP4
ゴールを設定する

STEP5
ゴールに到達する方法を「質問」と「答え」のみでチームで考える

STEP6
問題提示者が行動目標を発表。メンバーが「サポート」や協力できることを発表する

STEP7
振り返りをする

園内研修を深めるために②

ファシリテーションは
保育者を自律的な専門家にする

園のリーダーが「保育者がなかなか育ってくれない」と嘆く時に、『自分が思ったように育ってくれない』というニュアンスを感じることがあります。リーダーは、よかれと思ってではありますが、保育者を自分が求める正解に誘導しようとしたり、自分が求める姿に向かわせようとしたりすることがあります。しかし、そうした「指導」は、うまくいったとしても、リーダーの意図を酌んで期待に応えようとする他律的な保育者を育てることになりますし、そもそもうまくいきにくいのではないでしょうか。

そして、世代間のギャップや、核家族化や、地域社会の崩壊や、「ゆとり教育」などの教育政策などあれこれ社会環境の変化を探してそのせいにするといったことが見られますが、問題は単純で、育てる方法がよくないのです。ここには大きな希望があります。社会環境の変化を今すぐにどうにかすることは不可能ですが、園の保育者を育てる方法は、今すぐ変えられます。しかも問題は「方法」という技術的な問題ですから、リーダーが急に素晴らしい人格者に変わるといった必要もありません。

前述のような指導がうまくいきにくいのは、それが一人ひとりの保育者にとってまずは自分事になっていないからです。専門的な実践者としての学びとは、言語的な知はもちろん、言語化できないような知も含めて腑に落ちる（＝身体化する）ことと、見方・考え方が少し変わり、保育実践という行動が少し変わることとの循環的なプロセス（過程）です。こうしたプロセスを地道に経験することが、保育者自身が日々の実践の主役となることを可能にしていきます。

ファシリテーションとは、保育者一人ひとりを日々の保育実践の主役にするための技術であり、それが保育者をリーダーに従属する作業員ではなく、自ら考え、行動する専門家にしていきます。

矢藤誠慈郎

Part3

やってみよう！
シーンごとの
ファシリテーション

ファシリテーションは保育と同様、試行錯誤の連続です。
Part3では、園長やミドルリーダーなど、様々な立場の職員が
園内研修や会議において多様な手法を活用し、
保育の質の向上を目指してチャレンジしている
おひさま保育園（架空の園）の研修や会議の様子を紹介します。
また、ファシリテーションのポイントについても解説をしています。
事例を参考に、自園でのファシリテーションの活用について
検討してみましょう。

シーン

1 連絡会議の ファシリテーション

目的を共有し短時間で効率よく情報共有を進めます。
また、短時間でも職員間の相互理解を促進します。

DATA	概要
参加者（計9人） **園長、各クラスから代表1人ずつ、 栄養士、看護師** ファシリテーター **クラス代表の持ち回り制**	おひさま保育園では毎日13時からおよそ 15分間、連絡会議を行います。その日ので きごとや重要事項の共有が主な目的です。

START

13:00

職員室に集まり、会議を始めます。

ファシリテーター

これから連絡会議を始めます。
クラスごとに、
連絡事項をお願いします。

👍**POINT**

あらかじめクラス内
で情報共有をしてお
き、代表者はそれを
持ち寄ります。

👍**POINT**

連絡会議の「目的」と
「方法」を全員が認識
していることで、ス
ムーズに進めること
ができます。

13:02

クラスごとに職員全員で
共有しておくべきことを中心に伝えます。

今日は午前中、園庭に出て遊びました。
コウタくんが転んでひざを
すりむいてしまいました。
保護者にはお迎えの時に伝える予定です。

2歳児担任・アライ

1歳児クラスはリコちゃんとショウくんが
発熱ということでお休みです。
午前中は公園にお散歩に行きました。
ほかは特にありません。

1歳児担任・ニシ

クラスごとの報告が終わったら、
前日の延長保育の時間帯でのできごとを共有するため、
だれか1人を指名し、日誌を読み上げてもらいます。

タナカ先生、日誌を読んでもらえますか。

はい。
「今日はエリちゃんが
絵本を読んでいて……」。

👉**POINT**

いつも決まった職員が読み
上げるのではなく、役割が
流動的であることで、参加
している職員間に互いに聴
く姿勢が生まれます。

13:07

毎日1人を指名して1分間スピーチを行います。
その日にスピーチをする人は、あらかじめ決めてあります。
自分が伝えたいことを短い時間でまとめて話す練習に
なるとともに、互いの人となりを知る機会にして
親睦を深めるねらいもあります。

アライ先生、1分間スピーチを
お願いします。

POINT

相互理解は関係性を構築する
ための必須条件です。その人
らしさを知る機会を意識的に
つくることが大切です。

私はお花が好きで、
最近、フラワー
アレンジメントを
習い始めました。

1分間を大幅に過ぎることが
ないように、タイマーを
かけておきます。

POINT

時間感覚は人によって違うも
の。タイマーを使うことで時間
管理（タイムマネジメント）が
できます。

13:10

クラスごとに、その日のヒヤリハットを
出してもらいます。

今日のヒヤリハットを
0歳児クラスから順番に
お願いします。

👍POINT

課題や気になっていることを率
直に伝え合おうとする風土をつ
くることで、保育の質の向上に
つながります。

ハイハイをしていたケンちゃんが
つかまり立ちをしようとして……。

0歳児担任・キタ

13:13

最後に、園長から話をします。
翌日の予定のほか、保育のなかで気付いた注意事項や
課題なども投げかけます。

予定　課題　注意事項

END
13:15

会議に参加した人は
会議で出た話題をクラスに
持ち帰り、クラス内で
情報共有をします。

👍POINT

園長などリーダー的な立場の職員は、
保育を客観的に見ていて気付いたこ
とを伝えます。否定や批判ではなく、
組織・チームへの貢献を意識します。

シーン 2

意思決定を要する職員会議のファシリテーション

様々な意見を発散しながら収束させ、
だれにでもわかりやすい形でまとめます。

DATA

参加者（計6人）
主任1人
クラスリーダー5人

ファシリテーター
主任

概要

　園庭で、水を出しっぱなしにして遊ぶ子どもがいます。支援の必要な子だということもあり、特に注意もせずそのままにしていましたが、近隣の方から「水がもったいない」と指摘がありました。水の使い方や子どもへの接し方を見直す必要性を感じ、園長の判断で緊急会議を開きました。

START
14:00

ファシリテーターから参加者全員に、近隣の方から園庭の水の使い方について指摘があったこと、この機会に水の使い方のルールを決めておく必要性があることを伝えます。

👆**POINT**

ゴール（落とし所）を伝えることで、参加者全員が、話が不必要に脱線しないように気を付けることができます。

ファシリテーター

> ルールを決めることだけにとらわれると、保育が深まりません。子どもがどのように水で遊んでいるか現状を共有し、子どもが水で遊ぶことの意味から考えてみましょう。

👆**POINT**

まずは「発散（P.16参照）」させます。自由に意見を出し合うことで、過去にとらわれない革新的なアイデアが出てきます。

模造紙を用意し、参加者の言葉を拾いながら
書き込んでいきます。

水を出しっぱなしに
しているのは、
どんな子どもでしょうね？

POINT

多様な視点で議論
できるような問い
かけをします。

神経過敏な子ども
という印象です。
今5歳児クラスですが、
3歳児クラスの頃は、
よく大声で泣いていましたね。

今も、
しょっちゅう
泣いて
いますよね。
あとは、すぐ
どこかに
行ってしまう。

POINT

模造紙を用いて議
論の過程を見える
化することで、議
論の積み重ねがで
きます。

暑がりで、
気が付いたら園庭で
シャワーを出して水を
浴びていたりします。

水遊び以外の遊びに
誘おうと思いますが、
興味がコロコロ変わって
何が好きなのかまだよく
つかめていません。

なるほど。3歳の頃は泣いている場面が
多く見られたのですね。水を使うことについて、
現状ではどのように対応していますか？

子どもが水を出しっぱなしにしているのに
気付いた時は水を止めていたけれど、
そのままになってしまうことも多かったです。

十分に目をかけることができず、
水の出しっぱなしをつい許してしまっていました。

そもそもこの子は、なぜ水で遊ぶのでしょうね？

ホースで放水するのがおもしろいのかな？

水の感触が魅力的なのでは？

ほかの遊びの選択肢が少ないから、
ただなんとなく出していることもあるのかも。

主体的に
取り組んでいる時もあれば、
そうでもない時もある、
ということですね。

POINT

ファシリテーターは、これまで出た意見をまとめて、次の話題に入りやすくします。ファシリテーターの問いかけにより、「発散と収束（P.16参照）」がくり返され議論が進みます。

14:40

水の使い方のルールに話を
絞っていきます。

いつ、どのように
水を使うか考えましょう。

👍POINT

「子ども理解」が十
分にできたところで、
今後の具体的な対応
について話を進めて
います。

特に乳児には、学びの場でもあるので、
水遊びを完全にやめてしまうのは悲しいです。

保育者が水の出しっぱなしを止めるためには、
保育者の目が行き届いている必要があります。
子どもが園庭に出る時間を朝9時から夕方の
チャイムが鳴るまでと限定してはどうでしょう。

保育者が意図しない水遊びはしないほうがいいですね。

14:50

保育者の言葉や思いを捉え、イラストを交えながら
模造紙に書き込みます。模造紙は職員室に張り、会議に
参加していなかった職員も問題が共有できるようにします。

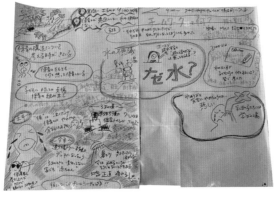

👍POINT

参加できなかった職
員に、会議の結論だ
けではなくプロセス
を共有することで、
納得感や共感が生ま
れやすくなります。

END

15:00

①園庭に出るのは朝9時〜夕方のチャイムが鳴るまで
②保育者が意図しない水の使用はしない
の2点が決定しました。

シーン 3 園内研修のファシリテーション

職員一人ひとりが自由に意見を出し合える環境をつくります。

DATA
参加者（計20人）
全正職員
ファシリテーター
副主任

概要

　おひさま保育園では年4回、土曜日に1日かけて職員研修を行います。午前中におよそ2時間を園内研修の時間とし、その時々に必要だと思われるテーマで話し合います。

　テーマは主に園長が決め、主任・副主任のうちのだれかがファシリテーターとなります。

　この日の研修テーマは「子ども理解」。正職員20人を6つのグループに分け、グループごとにそれぞれ1人の子どもについてディスカッションするというものです。

START

10:00

グループに分かれてテーブルを囲みます。それぞれのグループに1人の子どもの写真を2枚ずつ配ります。グループのメンバー構成は「話しやすさ」に配慮して園長が決めました。担任として子どもに接している職員、直接のやりとりはない職員を同じグループにして、多角的な見方ができるようにしています。

ファシリテーター

今日は、子ども理解を深めるために、グループごとに「○○ちゃんってどんな子？」を紙に自由に表現してもらいます。まずは、その子について思うところを、付箋に書いていきましょう。

👉POINT

グループのメンバー構成や机の配置等は、話しやすい環境にするための重要な要素となります。保育環境を検討する時のように、研修における適切な環境について参加者の立場に立ち考えましょう。

グループごとに、その子どもについて思うことを
自由に言い合い、付箋に書いていきます。

10:10

あるテーブルでは

話すことが
好きだよね。

思い通りにならない時は
すぐに泣いてしまう。

別のテーブルでは

人のお話を
よく聞いて
いる子！

頑張ろうと
いう気持ちは
だれよりも
強いね。

また別のテーブルでは

いろいろな
ことに
興味津々。

覚えた単語を
くり返し
話している姿
があるね。

10:25

ファシリテーターは出てきた意見を
まとめるための指示を出します。

付箋をグルーピングしながら、
その子の特性を見つけていきましょう。

同じような言葉、似ている内容で
付箋を分けます。
子どもについてのいくつかの
イメージが抽出されていきます。

POINT

ファシリテーターは、各
グループの様子を観察し、
適切なタイミングでワー
クを次の段階に進めてい
きます。模造紙や付箋を
使うことで、ファシリテー
ターも各グループの進
み具合が理解できます。

10:40

ファシリテーターは次の段階に進めるための
指示を出します。

「○○ちゃんってどんな子？」を模造紙に
まとめてください。書き方は自由です。
あとで、グループごとに発表してもらいます。

グループごとに話し合いながら、
「○○ちゃんってどんな子？」を仕上げていきます。

11:10

ファシリテーターはグループごとの進み具合を見ながら、
時間を調整します。

あと1分ほどで時間ですが、
いかがですか。
もう少し延長しますか？

あと3分
欲しいです。

11:15

グループごとに個性的なスタイルで、
「○○ちゃんってどんな子?」のまとめシートが
できあがりました。

グループごとに
発表してください。

👉 **POINT**

各グループが全体に発表することで、グループで出た意見やアイデア、学びや気づきを共有することができます。また、発表するということは、他者にわかりやすく伝える練習にもなります。

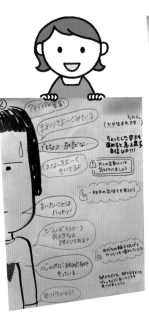

END

11:30

園長は見ているだけで一切、
発言しません。
園長が発した言葉にとらわれると
自由な意見交換ができないからです。
最後にまとめとして、
この研修の意義についてのみふれ、
研修を終了します。

👉 **POINT**

園長のような権威のある立場からの発言は、参加している職員の多様な気づきや学びを限定的なものにしてしまう恐れがあります。

4 保護者懇談会の ファシリテーション

和やかに盛り上がれるよう配慮しながら、
全員が一度は発言できるようにします。

DATA

参加者（計12人）
担任2人、
2歳児クラスの保護者

ファシリテーター
担任

概要

　おひさま保育園では年3回、平日の夜18:00から、保護者会を開きます。1時間の全体会の後、各クラスに分かれて懇談会を行います。事前準備として、参加人数と、参加可能時間（途中の入退出が発生する可能性があるため）を把握しておきます。

START

19:00

輪になって座り、はじめにアイスブレイク（P.23参照）。
担任がクラスの様子などを簡単に伝え、場を和ませます。

ファシリテーター

皆さん、こんにちは。
今日は寒い中、保護者会にお越しいただき
ありがとうございます。
まずはクラスの様子をお話ししますね。
最近、園庭の虫探しが流行っているんですよ。
ダンゴムシをたくさん集めて喜んでいる子、
触れないけれどお友だちが捕まえたのを
じっと見ている子、いろいろな子がいます。

👍**POINT**

保護者は担任の緊張を敏感に感じ取ります。アイスブレイクを行うことは保護者の緊張を解きほぐすだけではなく、保護者の笑い声や明るい表情を見ることで、ファシリテーター役の担任の緊張もほぐれます。

19:10 保護者に家庭での子どもの様子などを話してもらい、
情報交換ができるようにします。核家族化が進み、
地域の付き合いなども薄くなり、子育ての悩みを
相談できる人がいない保護者も多いようです。
みんなで共感し合ったり、
上にきょうだいがいる先輩ママにアドバイスを
もらったりする機会にしていきます。

おうちでの様子を
聞かせてください。
いかがですか、
何か困っていることは
ありますか？

👍POINT

保護者懇談会は、保護者同士の関
係性を築くための貴重な機会とな
ります。担任が一方的に話すだけ
ではなく、保護者同士をつなげて
いくための時間を取りましょう。

19:15

口火を切る保護者がいない場合は、話をしてくれそうな
保護者（上の子がいて在園期間が長いなど園に
なじんでいる保護者、明るく話し好きの保護者など）に
話を振ります。

タナカさん、いかがですか。
タクヤくんはおうちでは最近、どうですか？

うちの子は最近、イヤイヤが激しくて。
ごはんも「これがイヤ、あれがイヤ」と言って
全然食べてくれないので困っています。

お話しくださって
ありがとうございます。
おうちではごはんを食べなくて
困っているんですね。
タクヤくんは、
園では給食を頑張って
食べていますよ。
園で頑張っているぶん、
おうちでは甘えが
出てしまうのかもしれませんね。

19:20

ほかの保護者にも問いかけ、
共感を引き出します。

ほかに同じような
お子さん、いますか？
サトウさんどうぞ。

👉 POINT

ファシリテーターがしっか
りと傾聴することで、発言
した保護者が「発言してよ
かった」と感じられることが
大切です。うなずき、相槌を
打ちながら、一言コメントを
伝えるなど、目に見える形で
傾聴の姿勢を表しましょう。

うちの子も全然、ごはんを食べないんです。
栄養が足りているのか心配で……。

うちだけじゃないんですね。

19:25

保護者間で意見交換や情報交換がスムーズに
できるようにしていきます。

ごはんに悩んでいるおうちは
多いのですね。
ヤマダさんのところも、
お兄ちゃんが
小さい時に食べなくて
悩んでいましたね。

そうなんです。今、年長組になりましたけど、
小さい時は食が細くて困っていました。
でも、4歳になった頃から
突然、モリモリ食べ始めて、
今はむしろ食べ過ぎて困るくらいです。
あの頃悩んでいたのはなんだったのか、
という感じです（笑）。

19:35

話題が偏りそうな場合は、ほかの話題に広げます。

> ほかの方もお子さんのおうちでの様子を
> 教えてください。
> 好きな遊びとか、興味をもっていることとか……。
> アオキさん、どうぞ。

> うちの子は電車が好きで、ずっと図鑑を
> 見ているんです。電車の名前を
> すっかり覚えてしまって……。（ペラペラ）

19:50

なかなか話が終わらない時は、
さりげなく言葉をはさんで
気付かせます。
全員がひとことずつ話せるように
配慮します。

POINT

保護者にさらに話し
たい様子が見られた
ら、予定通り終了し
てその後は残れる人
だけ残り、自由に話
す時間があってもよ
いでしょう。

> 休日の過ごし方もいろいろですね。
> 時間も押しているので、次の方にも
> お話をうかがいましょうか。
> ワタナベさん、いかがですか。

END

20:00

保護者の話は目を見てうなずきながら聴き、
しっかりと記憶しておきます。終わってから、
必要に応じてだれが何を話していたか記録に残します。
時間がきたら、キリの良いところを見計らって終了します。

> 今日は皆さんのお話を聞くことができて
> 良かったです。ご参加ありがとうございました。

園内研修を深めるために③

ファシリテーションを
実際に試していく

Part 1とPart 2を通じて、保育におけるファシリテーションの基本的な考え方と手法を学んできました。問題は、それを実際に行うかどうかです。

「時間が取れないから……」「そうでなくても人が足りないのに……」「やってもなかなか発言が出ないし……」等々、園内研修などに消極的な言葉を聞くことが時々あります。しかし、やらない理由を探している間は、やらないので変化が生じない、変化が生じないので保育の質が高まらないし保育者が成長しない、という状況を抜け出すことができません。要は、できるかできないかではなく、やるかやらないかです。

Part 3では、実際に進めていく際のプロセスをたどりながら、タイミングごとにファシリテーションのポイントが示されています。それらを参考に、ぜひ実際に試してみてください。そして、ここでも正解志向にとらわれないことが大切になってきます。確実に成功する正しいやり方などありません。くじけずに、地道に試行錯誤を継続していくことが結局は早道です。

すぐにうまくはいかないわけですが、どこが悪かったのかとうまくいかない点に着目して反省し、落ち込んでいても道は開かれません。そんな時こそ本書が勧める保育ファシリテーションの中心的なアプローチであるAI(Appreciative Inquiry)の考え方が手掛かりになります。日本語に直訳するのは難しいのですが、良さや価値を探究する方法論と考えてよいでしょう。よく「いいところ探し」と言ったりしますが、これは、悪いところに目をつぶって無理に肯定して気持ちを前向きにしようといったことではありません。むしろ、課題を解決するためにこそ、うまくいっているポイントを探し出して、それがなぜうまくいっているかを考えるのです。保育の内容について対話する時ももちろんAIが有効ですが、園内研修などをどのように進めていくかを考える際にも、AIを活用しましょう。

Part 3に示されたPOINTを参考に実際に試してみて、「決まった職員が報告していたのをみんなで持ち回ることにするだけでも雰囲気が変わるな」「落としどころを示

しておくだけで脱線が減ったな」「会議に参加できなかった職員にプロセスも添えて伝えると前向きに受け止める雰囲気が出てきたな」「うなずいたり相槌を打ったりすることをより意識的にやってみたら発言が増えたな」などなど、小さな進歩に目を向けるのです。

また、Part 3の実例だけを見て、ただその形だけを真似してみても、うまくいきにくいかもしれません。私たちは効率を重視するあまり、自分なりに考えたり咀嚼したりせずにハウツーに頼りたくなってしまうことがあります。しかし基本をおろそかにした形式だけの導入はすぐに形骸化し、やること自体が目的化してしまい、だれも成果を実感できない、やっている意味もわからないようなものになり、負担感だけが募ります。保育ファシリテーションの肝となる見方・考え方こそが成否を分けます。読む順番は問いませんが、Part 1とPart 2を熟読して、そのマインドに近づいておくことが、Part 3の

自分たちなりの試行錯誤を学びへとつながるものにしてくれます。

そして最も重要なことは、保育ファシリテーションをリーダーだけのものに留めないことです。「これはリーダーがやること」「私たちは何も考えずに言われたことに従えばいい」という姿勢が蔓延してしまうと、リーダーの苦労は空回りし、孤独感と徒労感にさいなまれて、試行錯誤を続けることに疲れてしまうことになります。困った時は、「なかなか発言が出ないけれど、どうしたらもっと話しやすくなりそうか」「いつ、どのくらいの時間やるのがみんなにとってはやりやすいか」など、すべての保育者たちと相談しながら、共に創っていくことが、一人ひとりを当事者とし、参画者とし、主役にしていくのです。こうした保育ファシリテーションのスタンスが、自律的な専門家を育て、保育の質の向上や子どもの豊かな育ちを共に喜び合える園の組織文化を醸成していくのです。

矢藤誠慈郎

著者

鈴木健史
すず き けん じ
（東京立正短期大学 准教授）

教育ファシリテーション修士・家政学修士。児
童養護施設職員、幼稚園教諭、保育士を経て、
保育研究の道に。専門は保育者論、子ども理解、
子育て支援、ファシリテーション、コミュニケ
ーションなど。保育ファシリテーション実践研
究会でも精力的に活動している。

解説

矢藤誠慈郎
や とう せい じ ろう
（和洋女子大学 教授）

養成から現職を見通した保育者の専門性の開
発、保育における組織マネジメント・リーダーシ
ップ等を専門に研究を続ける。全国保育士養成
協議会常務理事。日本保育者養成教育学会理事。
著書に『保育の質を高めるチームづくり―園と
保育者の成長を支える―』わかば社（2017）等。

取材協力

社会福祉法人清遊の家　うらら保育園
社会福祉法人龍美　南つくし野保育園

表紙・本文イラスト／Yuzuko
編集協力／こんぺいとぷらねっと

引用・参考文献

・一般社団法人日本体験学習研究所HP「体験学
習の基礎を学ぶ」（https://jiel.jp/seminar/se
mi01/）より
・全国保育士会『保育所・認定こども園等におけ
る人権擁護のためのセルフチェックリスト　〜
「子どもを尊重する保育」のために〜』（2017）
・片野智治・國分康孝『構成的グループエンカウ
ンターにおける抵抗の検討』「カウンセリング
研究32」日本カウンセリング学会（1999）
・平木典子『アサーションの心　自分も相手も大
切にするコミュニケーション』朝日新聞出版
（2015）
・厚生労働省「保育所における自己評価ガイドラ
イン（2020年改訂版）」（2020）
・厚生労働省「保育をもっと楽しく　保育所にお
ける自己評価ガイドライン　ハンドブック」
（2020）
・『恐れのない組織「心理的安全性」が学習・イ
ノベーション・成長をもたらす』エイミー・C・
エドモンドソン著、野津智子訳、村瀬俊朗解説、
英治出版（2021）
・香取一昭・大川恒『ホールシステム・アプロー
チ』日本経済新聞出版社（2011）
・清宮普美代『チーム脳にスイッチを入れる! 質
問会議 なぜ質問だけの会議で生産性が上がる
のか?』PHP研究所（2008）

🌱保育ナビブック
園内研修と会議が劇的に変わる
保育ファシリテーション
2023年6月8日　初版第1刷発行

著　者　鈴木健史
解　説　矢藤誠慈郎
発行者　吉川隆樹
発行所　株式会社フレーベル館　〒113-8611 東京都文京区本駒込6-14-9
電　話　営業：03-5395-6613　編集：03-5395-6604
振　替　00190-2-19640
印刷所　株式会社リーブルテック
表紙・本文デザイン　blueJam inc.（茂木弘一郎）